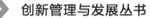

创新管理与发展丛书

上海市软科学研究基地建设项目：国际知识竞争力评价研究
（批准号：24692181000）

文化产业生产率研究
空间集聚和市场集中的视角

陶 金　罗守贵 － 著

A Study on
Productivity of China's Cultural Industry:
From the Perspective of Spatial Agglomeration and
Market Concentration

上海交通大学出版社
SHANGHAI JIAO TONG UNIVERSITY PRESS

内容提要

本书从分工和生产效率入手,对文化产业集聚和市场集中特征分别从理论和实践上做了分析。全书共 8 章,第 1 章是文化产业研究综述,第 2 章是文献综述,第 3 章是文化产业的空间集聚与市场集中机制研究,第 4 章是文化产业生产率分析,第 5 章是文化产业生产率与空间集聚和市场集中的关系,第 6 章是细分维度的解释与稳健性检验,第 7 章是中国文化产业集聚与市场集中的案例分析,第 8 章是结论。本书适合产业经济学、科技创新领域的专家、学者和研究生参考使用。

图书在版编目(C I P)数据

文化产业生产率研究 ：空间集聚和市场集中的视角 / 陶金,罗守贵著. — 上海 ：上海交通大学出版社, 2025.4

ISBN 978 - 7 - 313 - 25595 - 2

Ⅰ.①文… Ⅱ.①陶… ②罗… Ⅲ.①文化产业－劳动生产率－研究－中国 Ⅳ.①G124

中国版本图书馆 CIP 数据核字(2021)第 273917 号

文化产业生产率研究:空间集聚和市场集中的视角
WENHUA CHANYE SHENGCHANLÜ YANJIU: KONGJIAN JIJU HE SHICHANG JIZHONG DE SHIJIAO

著　　者：陶　金　罗守贵
出版发行：上海交通大学出版社　　　　　　地　　址：上海市番禺路 951 号
邮政编码：200030　　　　　　　　　　　　电　　话：021 - 64071208
印　　刷：上海新华印刷有限公司　　　　　经　　销：全国新华书店
开　　本：710mm×1000mm　1/16　　　　印　　张：9.75
字　　数：160 千字
版　　次：2025 年 4 月第 1 版　　　　　　印　　次：2025 年 4 月第 1 次印刷
书　　号：ISBN 978 - 7 - 313 - 25595 - 2
定　　价：68.00 元

前　言

在中国文化产业快速发展的背景下,研究文化产业具有深刻的理论和实践意义。根据产业生命周期理论,中国文化产业发展处于成长期,其背后的推动力除了消费者需求的增长以外,还有利润的增长和效率的增进。因此,有必要研究文化产业的效率问题,但现有文献对于该问题的关注较少。同时,文化产业的现实发展过程也伴随着日益明显的空间集聚和市场集中现象,这两大趋势与文化企业生产率的提高应该存在某种联系。因此,本书研究的主要问题,聚焦于对文化产业空间集聚和市场集中现象的实证探究,以及从企业组织等微观视角对文化生产效率及其影响因素的识别。

虽然经历了半个多世纪的发展,聚集了大量的研究工作,但文化产业的研究仍属于经济学的新兴领域,具有广阔的研究空间。文化产业集聚的理论研究具有多学科的研究特点,它结合了空间经济学和社会学的相关理论,并从集聚经济、外部性、本地市场竞争效应和知识溢出等方面解释文化产业集聚原因,同时结合文化地理学对地方文化和创意环境的关注。但在理论研究较为深入的情况下,现有研究仍然缺乏对文化产业集聚和竞争的实证分析。因此,就与本书有关的文献而言,关于文化产业的空间经济学和产业组织学研究尚存在很大的发展空间。

本书以分工和生产效率为视角,通过对文化产业集聚和市场集中现实特征的揭示,提供了一条时间线索:文化产业自诞生以来便呈现了非常明确的集聚特点;而随着时间推移,文化生产又逐渐显现出市场集中的特征。无论在中国还是国外,文化产业的空间集聚与市场集中现象都是客观存在的。对于文化产业集聚,城市的发展是重要原因:艺术与创意人才在城市聚集,使得文化企业、组织的人力资本投入选择集变大;文化基础设施在大城市中能够更有效地被共享;而创意分享和溢出可能是文化产业集聚最重要的驱动因素。对于文化产业市场集中，文化产业发行环节的规模经济和沉没成本以及内容制作环节的高度集权，逐渐产生了以发行环节为出发点，向下游营销和上游制作延伸的垄断趋势，其根本的原因在于持续扩张的市场需求赋予了内容生产和销售产业化的可能性。

本书在估计生产率的基础上，主要论述了产业集聚（就业密度、专业化经济和多样化经济）、市场集中和竞争效应对文化企业生产率影响的实证过程。在选择合理的集聚经济变量的基础上，构建 OLS（普通最小二乘法）、固定效应、GMM（广义矩估计）、工具变量法以及空间计量等较丰富的实证模型。通过多方面的回归验证可以判断，文化产业集聚经济比较明显，实证结果也较好地通过了稳健性检验。

在核心实证模型的基础上，本书拓展了集聚经济的实证分析，从创意的交流和知识溢出等方面对文化产业集聚经济展开更多的实证探讨，同时拓展了文献中文化产业集聚的空间尺度和范围。城市的网络基础设施越发达，多样化集聚经济现象越明显；更好的交通条件下，面对面交流的便利性显著增强，进而改善了多样化经济提高生产率的渠道。多样化的产业和服务在更加邻近的地级市内部地理位置之间为创意的产生提供更多的条件，同时高素质人才在省份层面上的集聚和共享的现象也很明显。另外，空间计量模型表明区域之间的产业集聚是互相促进的。

对于样本中文化企业的国有企业身份导致的样本选择偏误问题，本书做了专门的处理：通过构建多个指标来对应国有企业可能的多重目标函数，同时构建市场化指数，分类别对不同市场化环境下的文化产业集聚经济进行识别。另外，涉及市场力量和价格因素的利润也同时影响着生产率。这引发了两个方面的讨论：其一，市场力量对于省级文化企业的生产率有着正向作用；其二，需要将价格因素剔除出生产率的估计，进而得到真实生产率。在得到更真实的生产率后，证明集聚经济仍然能够促进文化生产效率。

与实证研究相呼应，本书还对文化产业集聚与市场集中进行了案例研究。一是考察了典型城市的文化产业集聚现象，包括上海的城市化经济、长沙的专业化经济和杭州的创意城市发展。二是以电影产业为例，发现了该产业在反垄断判罚的过程中，其行业整合进程仍然领先于其他产业，进一步验证了产业化背景下文化产业市场集中的特征。

目　录

第 **1** 章 文化产业研究综述

1.1 研究背景和问题提出

本章作为绪论部分,主要提出核心的研究问题,并在此基础上阐述了本书的研究背景以及研究意义,介绍主要的研究方法,概括本书的内容脉络和逻辑框架,最后总结本书的主要创新之处。

1.1.1 研究背景

文化产业日益成为中国经济增长的新驱动力量(Yusuf and Nabeshima,2005)。近年来,中国文化产业规模持续扩大。2018 年,中国文化产业增加值达到 41 171 亿元,占 GDP 的比重达到 4.5%。

大量的艺术与创意人才聚集在城市中,带来的不仅仅是人力资本的提高,还有城市文化层次、综合吸引力的提升。自 21 世纪初,中国政府便开始大力鼓励发展文化产业。在认识到崛起的文化产业拥有巨大增长潜力后,中国政府也将文化产业纳入国民经济计划中,将文化产业发展成新支柱产业,持续给予进一步的政策和金融支持,并同时开启了文化体制改革,这极大加快了文化产业市场化进程。中国文化产业的产业组织变迁也在不断演化,市场竞争和集中现象越来越对文化企业的经营策略和竞争行为产生影响。在资源配置和政策环境改善的基础上,中国文化产业得到了长足的发展。自 2000 年文化产业的概念在中国被提出至今,该产业的规模实现了年均超过 20% 的增长。但在各省份和城市中,对文化产业的支持力度不同,也存在某些地区盲目建设文化产业园区,而忽视了文化产业集聚规律的现象。在此背景下,研究文化产业的产业集聚和市场集中规律显得更加必要。

1.1.2　问题提出

与很多产业类似，文化产业的空间集聚现象是自该产业诞生以来最重要的特点之一。现代文化产业主要集中在诸如洛杉矶、纽约、巴黎和东京这样的国际化都市。效率增进被认为是文化产业集聚的原因和重要结果之一。文化产业集聚与文化市场和企业效率存在怎样的具体联系？本书通过中国案例进行解答。

回答上述问题的关键在于衡量文化企业效率。全要素生产率是衡量企业技术效率的最佳手段，但鉴于文化产业的独特性，其生产率的估算应与制造业有所区别。那么，基于经典生产函数模型的全要素生产率能否适用于文化领域效率的衡量？本书通过对文化生产价值模型的演绎，探究和建立生产率估计与文化产业的联系。

中国的现代文化产业在工业化过程中日益演化，逐渐培育了社会主义市场经济体制下的成熟市场。文化企业既成为文化资源的主要组织形式，也成为市场竞争的主体。随着大企业持续崛起，市场集中带来的垄断收益也成为文化产业不断发展的基础之一。由此，市场集中现象是否提升了文化部门的效率？本书基于对上述两个问题的答案，揭示市场集中和竞争对文化部门效率的影响机制。

1.2　研究意义

1.2.1　理论意义

关于文化产业生产率的研究，尽管在 20 世纪 60 年代就有学者提出"成本疾病"等假说，后续也有学者在著作中针对该现象尝试作出解释，却缺乏系统和专门的学术分析，更鲜有人利用数据对生产率进行实证验证。同时，这些研究大多发生在较早期，新时期的文化产业发展环境下的文化产业生产率研究似乎较少。具体而言，现有文献虽然存在较多的文化产业集聚的理论和实证的研究，却更多集中于寻找文化产业集聚的原因，而集聚对文化部门效率提升的作用，并未得到足够重视和研究。

另外,现有研究大多并未考虑文化产业在生产和发行方面的特性,且囿于数据统计不完善等限制,文献中尚无企业层面的中国文化产业集聚实证研究。鉴于此,本书利用文化企业层面数据样本,采用新古典经济学、产业组织、新经济地理学等多学科视角,分析文化产业(企业)的生产率水平及其决定因素,将传统制造业产业组织研究中关于生产率的成果科学地应用于文化产业这一典型的服务业,因此,对这一领域的研究具有一定的贡献价值。

1.2.2　现实意义

全球范围内,尽管有少数文化经济学家、社会学家以及文化传播领域的学者在文化经济学方面做出了研究,但存在一个被广泛接受的观点,即历史上的文化产业化生产既是"短命(ephemeral)"的,又严重依赖于其他拥有更高劳动生产率的工业部门(Ginsburgh and Throsby, 2014),以至于文化产业在其诞生之初并没有被认为值得进行严谨的学术研究。然而近几十年,美国和英国等发达国家,文化产业得到了惊人的增长。在发达国家中,文化产业在各方面的重要性随着去工业化进程而愈发显著。同样地,在诸多新兴经济体中,文化产业的兴起与这些国家和地区的工业化进程一起成为经济发展的共同特征。中国作为典型的新兴经济体,其文化产业随着人民收入水平的提升而得到了大幅度的持续性增长和发展。包括发展中国家在内的全球文化产业的崛起,也催生了各国政策当局、国际组织和学术界较为全面和系统的描述、统计和分析(陶金和罗守贵,2019)。同时,文化产业大发展的事实也催生出文化企业和艺术家等文化从业人员自身的生产率问题:文化产业的持续扩张和发展是否源于文化生产的生产率提升? 如何更有效率地进行文化生产? 文化产业如何更强劲地推动经济发展? 这些也是各国政府所关注的问题。

1.3　研究内容与总体框架

1.3.1　主要研究内容

本书遵循"现象梳理和理论推演＋解释和验证"的思路开展研究,因此本书的核心内容可以概括为两部分:第一部分主要是第 3 章和第 4 章,作为现象梳理和理论推演部分,通过梳理国内外文化产业发展历程和理论推演文化生产过程,发现文化生产效率与产业集聚和市场集中的联系;第二部分主要包括第 5 章和第 6 章,分别针对文化产业集聚和市场集中与文化生产效率的联系进行实证模型分析,并根据中国文化产业和中国文化企业的实际情况做了补充性的模型假设和验证。

在"现象梳理和理论推演"部分,本书从劳动分工和生产效率的角度回溯文化产业的发展过程,揭示文化集聚的主要原因和微观基础,以及文化产业的集中与竞争的逻辑链条。本书还通过理论推演,解释了文化产业的生产函数,证明产业化是如何将传统生产函数与艺术部门的特殊诉求紧密联系起来的。

在"模型解释和实证分析"部分,本书在估计生产率的基础上,主要论述了产业集聚、市场集中和竞争对文化企业生产率影响的实证过程,同时还提供多种细分维度的解释,并回应核心实证模型的潜在偏误。

与实证研究相呼应,本书还对文化产业集聚与市场集中进行了案例研究。一是考察了典型城市的文化产业集聚现象,包括上海的城市化经济、长沙的专业化经济和杭州的创意城市发展。二是从市场结构和制作、发行等角度考察了电影产业的市场集中特征。

1.3.2　本书结构安排

全书的逻辑结构详见本小节的图 1-1。以下是本书各章内容的简要介绍:

第 1 章:文化产业研究简述

本章是在本书研究背景的基础上提出核心的研究问题,并在此基础上阐述本书的研究背景以及研究意义,介绍主要研究方法,概括本书的内容逻辑和技术路线,最后总结本书的主要创新之处。

第 2 章:文献综述

本章梳理了相关的文献,包括与文化产业生产率、文化产业集聚和市场集中有关的理论基础和实证研究。本书介绍文化产业研究脉络、文化产业的界定,揭示文化产业生产率研究的文献基础和不足;梳理文化产业集聚的特征、机理和效应的研究以及中国文化产业集聚的研究;介绍了传统市场结构研究基础上的文化产业市场结构研究;总结归纳了文化产业集聚经济机制。

第 3 章:文化产业的空间集聚与市场集中机制研究

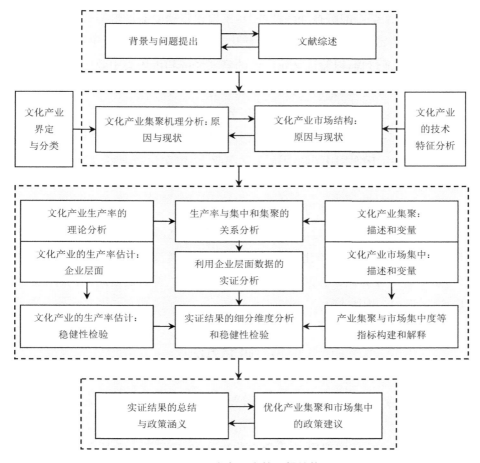

图 1-1　本书研究的逻辑结构

本章旨在为文化产业集聚和市场集中的实证研究提供理论基础,主要梳理国内外文化产业发展历程和文化产业集聚和市场集中的形成机制,揭示文化集聚的主要原因,并通过对文化生产的过程和产业链演化的分析,揭示文化产业市场集中的逻辑链条。

第4章:文化产业生产率分析

本章聚焦文化产业生产率的理论和实证分析。与第3章类似,本章旨在为后续的实证分析提供理论基础,并通过对文化企业生产率的估计,给出了实证模型的被解释变量。同时推导文化生产模型,揭示文化企业生产率的分布特征。

第5章:文化产业生产率与空间集聚和市场集中的关系研究

本章是全文核心的解释和验证环节,主要报告核心实证模型的结果,论述了产业集聚(就业密度、专业化经济和多样化经济)、市场集中和竞争对文化企业生产率影响的实证过程,以验证文化产业的集聚经济和市场集中效应。

第 6 章:细分维度的解释与稳健性检验

本章也是全文核心的解释和验证环节,主要根据第 3 章所阐述的文化集聚和市场集中的现实特征和理论依据,提供多种细分维度的解释,并回应第 5 章核心实证模型中由于样本限制和中国文化产业、中国文化企业的实际情况而可能造成的潜在偏误。

第 7 章:文化产业集聚与市场集中的案例分析

本章对文化产业集聚与市场集中进行案例研究,考察典型城市的文化产业集聚现象,包括上海的城市化经济、长沙的专业化经济和杭州的创意城市发展。另外,以电影产业为例,通过美国电影产业中的一次著名反垄断判例,阐述成熟电影产业的市场集中过程。

1.4   研究方法

运用经济学实证方法来研究弥漫着"自由"和"精神"的文化艺术部门,本身就是存在挑战的。但文化生产越来越深入的产业化给本书提供了研究的便利,使得很多经济学研究框架更加适合文化生产和销售等活动的研究(Throsby,2001)。这也使得本书能够运用新古典经济学、经济地理学以及产业组织等多学科视角,系统分析文化产业生产率、产业集聚和市场集中。具体而言,本书采用的主要研究方法如下:

(1)文献综述法。梳理国内外有关文化产业的研究,归纳现有文献研究的进展和不足之处,为本书提供理论基础和方法论依据。

(2)归纳演绎法。为了理解文化产业生产率,通过收集大量关于文化产业的历史文献资料,建立文化生产模型和归纳文化产业集聚和市场集中的历史过程。

(3)数理模型和计量经济学方法。以现代计量经济学理论为基础,构建空间计量模型和面板回归方程。

(4)比较分析法。通过比较分析中国不同区域、不同企业和不同产业环境下区域文化产业生产率和相关特征,得出不同因素影响下文化产业的区域性差异。

1.5　创新点

本书的创新点包括以下几个方面：

（1）为文化产业的生产效率问题提供了理论模型。通过理论演绎，说明应用新古典经济学的生产率方法研究文化产业的可行性，比较系统地探讨文化产业的生产率问题。

（2）构建了文化产业集聚和市场竞争理论的实证模型。现有文献中少有针对企业层面的文化产业实证分析，鉴于此，本书利用文化企业数据库，探究文化产业空间集聚和市场集中对文化企业生产率的影响，得到了比较稳健的实证结果。

（3）解释文化产业集聚与市场集中的视角较新。对于文化产业空间集聚，本书具体地分析其形成机制与原因。对于文化产业市场集中，本书将文化产业运行特征、实证模型与案例相结合，进行互相验证。

（4）以文化企业为视角论述了文化产业的运行规律。现有文献中较少以文化企业视角研究文化产业，而文化企业是当前文化生产的主要组织形式。因此，本书运用文化企业数据库进行实证分析，提供了文化产业集聚和市场集中的企业层面证据。

1.6　本章小结

本章开宗明义，重点阐释本书的研究背景和意义，概括本书的研究方法、研究思路和技术路线，并提炼出主要创新之处。本章是本书的总体概括，介绍了本书的主要内涵，整体上起到了界定和引领作用。

第 2 章 文献综述

本章主要梳理了相关的文献,包括与文化产业生产率、文化产业集聚和市场集中有关的理论基础和实证研究,并重点归纳了对文化产业集聚经济机制的研究。本章主要分四部分来对现有文献加以梳理:第一部分是 2.1 节,主要介绍文化产业研究脉络、界定文化产业,以及揭示文化产业生产率研究的文献成果和不足;第二部分包括 2.2 节、2.3 节和 2.4 节,梳理文化产业集聚的特征、机理和效应的研究以及中国文化产业集聚的研究,反映已有研究的不足;第三部分是 2.5 节,介绍了传统市场结构研究基础上的文化产业市场结构研究;第四部分是本章的小结。

文献中并不存在以全球范围为视角的文化产业发展历史和经营模式的描述和概括,国内外学者均对本国以及区域层面的文化产业和市场开展了独立研究。概括来看,关于文化产业的研究所关注的领域大致包括:区域文化产业发展影响因素研究、文化产业集聚研究、文化产业政策研究、文化产业和经济增长关系的研究、相关文化产业的经济学研究(例如艺术品市场)等。本书所关注的是区域文化产业发展影响因素研究以及文化产业集聚研究。

2.1 文化产业与生产率

文化产业的迅速发展促进了对于该领域的研究,并催生了一个独立的经济学科领域——文化经济学。当前学界普遍认为,文化经济学已经建立了一个符合经济学发展又与众不同的经济学专业领域,它拥有国际学会、成员代表大会和学术期刊《文化经济学杂志》(*Journal of Cultural Economics*),并且按照《经济学文献杂志》(*Journal of Economic Literature*)对经济学论文系统的划分,它拥有独立的文献类型(Throsby, 2001)。

相对于传统的制造业新古典主义的经济学研究, 对文化和艺术部门的经济学研究起步较晚。因此, 虽然文化经济学对这些独特的部门提出了诸多不同于制造业的独特属性, 但对这些产业和部门的研究, 却也不可避免地根植于经济学中(Boualam, 2014)。

2.1.1 文化产业的界定

1)"文化"的含义

本书所关注的并不是作为社会学和人类文明特征的"文化", 也基本不做文化"好与坏"的价值评判, 因此不再穷举那些阐释何为"文化"的社会学文献。但值得强调的是, 经济学中对文化有着不同视角的理解, 例如 Throsby(2001)提出, 词语"文化"的含义很大程度上源自相关生产活动的某些或多或少可以客观定义的特征:涉及了相关创意、象征意义(Symbol)的传播, 以及体现了版权或知识产权。

2)文化产业和创意产业的界定

就文化产业中的"产业"这一概念而言, 文化产业的概念源自对其本身的批判:文化产业(Cultural Industry, 而非 Cultural Industries)的概念由法兰克福学派代表人物 Adorno and Horkheimer(1947)首次提出。在《文化工业:欺骗公共的启蒙精神》中, Adorno 和霍克海默(Horkheimer)并未明确定义文化产业, 而是用文化工业的概念批评凭借大规模技术手段复制、传播和消费文化相关产品的现象。文化产业最初具有明显的批判性意味, 并带有明显的主观价值判断。但后来, 文化产业概念的意识形态特征逐渐消退, 现在多用来特指一个新的产业类别。

关于文化产业的界定, 尽管仍然存在一定的争论, 但 UNESCO(联合国教科文组织)的阐述最具代表性。UNESCO 在《文化统计框架(2009)》中, 将文化产业定义为生产有形或无形的艺术性和创意性产品的产业, 这些产业具备潜力来通过文化资产的开发和知识性产品、服务的生产, 达成财富和收入的增加。而创意产业(Creative Industries)则在文化产业的核心意义基础上更强调创意、创新、技能和才艺(UNESCO, 2009)。UNCTAD(2004, 2010)的阐述则是被引用最多的, 它认为创意产业不仅包括了具有强烈艺术构成的创造活动, 也包括了为了更广大市场而生产的依赖于知识产权的产品的活动。而根据英国 Work Foundation DCMS(2007)的界定(见图 2-1)，文化产业属于广义的创意产业和创意行为，文化产业中的核心创意领域也具有典型的创意产业内容。

鉴于文化产业和创意产业的概念经常可以互换，且文化产业和创意产业的细分产业领域也高度重合(UNESCO，2009)，在研究其产业构成时并无必要严格区分，故本书将创意产业纳入研究范畴。

经济的其他部分

创意产业和创意行为

文化产业

核心创意领域

商业化的创意产品蕴含着极高的表现性价值并需要版权保护。

文化产业的经营行为涉及表现性产品的大规模复制，产品是建立在版权基础上的，例如电影、出版和视频游戏。

表现性价值的使用不仅是设计、软件等创意产业表现的关键，也是整体经济表现的关键。

创意产业产生了表现性产品，而其他制造业和服务业从中受益，并对其进行了进一步开发，例如利用情绪工效学的原理，苹果公司开发了移动媒体播放器，戴森公司开发了真空吸尘器，英国维珍航空公司和英国航空公司开发了销售和娱乐高度结合的服务。

图 2-1 文化产业与创意产业的同心圆模型

资料来源：DCMS(2007)。

对于中国的文化产业,国家统计局的《文化及相关产业分类(2012)》①也在很大程度上借鉴了 UNESCO 的框架,将文化产业分为以下 11 类:①新闻出版发行服务;②广播电视电影服务;③文化艺术服务;④文化信息传输服务;⑤文化创意和设计服务;⑥文化休闲娱乐服务;⑦其工艺美术品的生产;⑧文化产品生产的辅助生产;⑨文化用品的生产;⑩文化专用设备的生产;⑪其他文化产业。本书在实证研究中,也严格地根据这一分类进行了样本企业的产业类别划分。

2.1.2　文化产业生产率

文化经济学的开山之作便是关于一个具体文化产业的生产率研究,即 Baumol and Bowen(1966)合著的《表演艺术产业:经济学困境》(*Performing Arts:The Economic Dilemma*)。从本书的核心结论来看,"文化艺术"与"生产率"似乎存在较远的距离。即便在文化市场足够成熟的假设下,如何应用现代经济学的新古典分析框架对文化产业部门进行系统分析,也是一个具有争议的问题。诸多学者认为,基于传统制造业研究的新古典经济学分析框架可能不适用于作为典型服务业的文化产业。在分析"产业"的同时,学者对如何控制"文化"的相关变量表示出了较大的疑问,另外,文化产业的数据收集困难也给严谨的实证分析带来了额外的难度(Pareja-Eastaway,2016)。由于中国服务业领域的数据统计仍不完善,数据收集的困难显得尤为严重。尽管面对研究方法上的争议和数据收集上的困难,文化和创意经济却为应用和发展经济理论提供了一个独特的视角,这也确实存在应用传统经济学研究工具的文化经济学研究,例如关注文化政策的相关研究(Ginsburgh and Throsby,2014;Baumol and Bowen,1966;Peacock and Rizzo,1994;Blaug,1976),从区域角度出发的文化发展研究(胡惠林,2018;Bianchini and Parkinson,1993)。

然而尽管存在着较为系统的针对文化的经济学研究,却只有很少文献关注文化产业的生产率。传统制造业领域积累了大量研究生产率的文献,而作为典

---

① 国家统计局在 2018 年发布了文化产业的国民经济分类新版本《文化及相关产业分类(2018)》。此分类依然高度借鉴了《文化统计框架(2009)》,因此与 2012 版并无本质区别。由于以下两个原因,本书依然采用《文化及相关产业分类(2012)》对文化产业进行界定:第一,本书运用的文化企业样本数据是根据此分类进行统计的,采用此分类可更精确地衡量行业异质性;第二,2018 版的分类将工艺美术品等部分文化用品制造归为文化核心领域,使得核心文化生产部门与制造业的比较变得更加困难,而 2012 版则将这两类领域明确地区分开来。

型服务业的文化和创意产业，似乎较难定义其生产率水平，艺术创造和文化生产在一定程度上并不能完全以经济价值来衡量。Baumol and Bowen(1966)面对这一困惑，从宏观经济学视角出发研究文化生产部门，他们建立了两个部门模型，包含制造业部门和文化部门。他们指出在文化部门，成本和收益之间会出现愈加扩大的差距，因为文化部门不像制造业部门那样有着持续增长的生产率水平，相反，前者的生产率水平一百年以来似乎维持了相近的水平，而工资等要素价格的持续增长带来的成本压力相对于文化产业"较低"的生产率，对文化产业的发展产生了负面的作用：制造业生产率的提高速度可以抵消工资的上升速度，但文化部门生产率的提高速度并不能满足艺术家对提高工作速度的要求，这导致文化组织的成本和收益之间的缺口具有不断扩大的潜在趋势。这就是著名的"成本疾病(Cost Disease)"假说。

自从这一假说提出之后，40多年的时间内，该假说的含义已经得到了澄清。事实上，在近半个世纪内，文化产业并未因"成本疾病"而萎缩，相反却成为经济增长的新动力。众多经济学家也解释了"成本疾病"现象的原因，其中包括技术进步、政府补助和市场结构的变化等。例如，Throsby(2014，2001)总结了文化部门至少以六种方式承受了增长停滞的生产率所施加的压力，其中包括各方面的技术进步、持续增长的需求、文化部门经营模式的改变，以及市场结构变化对产业存续和发展的推动。这六个因素与市场集中紧密联系，但作为近几十年文化产业典型现象的文化集聚，似乎并未得到足够的关注。事实上，本书的出发点之一就是在现代产业的技术、市场和政策环境下进一步解释这一矛盾的现象。

随着文化市场文化部门工业化的发展，关于文化生产率问题的答案得以更加清晰。De Fillippi et al.(2007)指出，在文化经济学的学术研究中，以创意艺术家为出发点的传统视角在分析文化产品生产上的地位，正逐渐被以文化企业等组织和机构为出发点的全新分析框架所取代。因此，这种工业化趋势也为文化产业生产率研究奠定了实践基础。

本节对文献的梳理也是以文化产业生产率的研究为出发点，在界定文化产业的基础上，从文化产业集聚和市场集中两个方面梳理本书的文献基础。具体的文献脉络如图2-2所示。

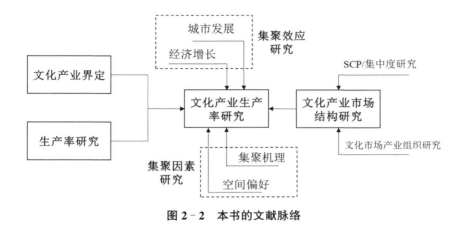

图 2-2 本书的文献脉络

2.2 产业集聚研究

文化产业集聚研究很大程度上借鉴于适用范围更广的产业集聚研究,尽管这些研究主要关注制造业。

产业集聚是区域经济学中的成熟理论体系,主要源自马歇尔(Marshall)的外部经济理论和韦伯(Weber)的古典区位理论。在这两大理论基础上,又逐步发展出了波特(Porter)的竞争优势理论、克鲁格曼(Krugman)的新经济地理学、集聚经济理论以及新产业区理论等(袁海,2012)。

集聚经济理论体系源自马歇尔和雅各布斯(Jacobs)的开创性研究。发生在产业内的集聚经济被称为马歇尔外部性(Marshallian Externality),或称专业化经济(Specialization)、地方化经济(Localization),因为 Marshall(1890)动态分析了同一产业内部的集聚对这一产业增长的促进效应。其机制主要包括三个方面:①劳动力市场池(Labor Pool);②中间品共享(Input Linkage);③知识和创意溢出(Knowledge Spillover)。跨行业集聚经济被称为雅各布斯外部性(Jacobs Externalities),或称多样化(Diversity)、城市化经济(Urbanization)。之所以被称为城市化经济,是因为 Jacobs(1969)指出城市经济的发展在很大程度上来自城市中多个产业的互动联系。上述两个方面的集聚经济也是本书研究文化产业空间集聚的两个重要视角。

在实证研究方面,集聚经济研究大多关注制造业。大量文献关注集聚经济在促进区域、产业发展中的作用（Rosenthal and Strange，2004）。但 Puga（2010）认为生产率是产业集聚研究中最直接的指标，而且就业规模的扩大和人口集聚仅表现为企业和就业选择的结果，全要素生产率（Total Factor Productivity，TFP）的提高才是本质的效率增进，并且全要素生产率也是更方便进行类比的（Ehrl，2013；Martin et al.，2015）。随着统计数据可得性的改善，集聚经济如何影响企业层面生产率的研究越来越多。现有的研究产业集聚的文献可以分为两类：一种以 TFP 作为研究对象；另一种着重分析不同集聚效应的作用。而对于不同种类的集聚经济，大量文献给出了关于全要素生产率的不同实证结论（Beaudry and Schiffauerova，2009；Cingano and Schivardi，2004）。

近年来，集聚经济开始关注企业层面的生产率，并尝试寻找和验证集聚因素与生产率的关系，取得了较为丰硕的成果。Henderson（2003）首先利用了企业层面数据，验证了专业化经济大于多样化经济，这与 Beaudry and Schiffauerova（2009）的结论一致。同时，也有很多实证研究发现以上专业化和多样化经济均可显著促进生产率提升（Maré and Timmins，2006）。对于中国制造业的产业集聚研究也比较丰富，例如范剑勇等（2014）研究了集聚经济对中国通信设备、计算机等制造业企业生产率的作用，指出专业化作用明显，而多样化并不显著。

针对以上现有文献，本书发现缺少针对服务业生产率的集聚经济分析，少有文化产业生产率的相关实证结果，对于集聚经济作用的文化产业异质性比较也无从开展。鉴于此，本书通过实证检验文化产业集聚经济，提供关于集聚经济新的产业视角。

2.3　文化产业集聚研究

文化产业的发展过程中，产业集聚无疑是最引人关注的关键特征之一。很显然，文化和创意的产生和人们之间的交流沟通有着紧密的联系。文献对这种联系从文化产业集聚的空间偏好和集聚机制两个层面进行了研究：文化产业在地域上的集中产生了典型的知识和创意的溢出；同时城市文化发展水平因素也导致了文化产业集聚的自我选择（Coll-Martínez et al.，2017）。

2.3.1　文化产业集聚的空间偏好

对于文化产业集聚的关注催生出了较多的文献（Cinti，2008）。区域背景的多样化使得文化产业的企业或机构的集聚或集群的形式显得较为重要，文化集聚区（Frost-Kumpf，1998；Santagata，2010；Lazzeretti，2008）、文化集群（Mommaas，2004）、创意城市（Scott，2000）和文化园区（Landry and Bianchini，2000；Hall，2000；Wynne，1992）的概念均被提出并进行研究。但更为重要的问题在于，文化产业更倾向于集聚在城市还是乡村。

1）城市文化产业集聚

学界一致认为文化和创意产业并非均匀地分布在城市和乡村版图中，而是呈现了明显的空间集聚现象（Cooke and Lazzeretti，2008；Scott，2005），这与传统制造业的产业集聚特征十分相似。事实上，创意产业更倾向于在城市区域集聚（Maskell and Lorenzen，2004）。

与其他传统产业有些不同，文化产业大致可认为是一系列生产（即内容制作）和分配（即宣传和发行）关系的集合。对于生产过程，Scott（1996，1997，2000）指出，文化产业的技术特征使得集聚在城市成为有利可图的经营模式。然而对于分配或者发行过程，Scott 指出小型制作商的区域化网络更有可能根植于全球性的分配网络，这样的分配网络常常被少量大型文化和媒体集团所控制。因此，文化产业在"区域性和全球性的双向力场中"发展（Scott，2000），产品制造趋近区域化，分配和消费则广泛分布于全球网络。这些全球网络的落脚地点大多是典型的大城市，例如巴黎、伦敦和洛杉矶，这些城市均具有自身的区域性文化产品的显著特点（Molotch，2002）。

基于文化产业集聚更多出现在城市的普遍认识，国内外学者致力于总结区域文化产业的发展路径。如 Beyers（2008）等对美国、英国等相关区域的文化产业发展进行了研究，总结出了各自区域文化产业发展的最优路径。向勇和喻文益（2007）、冯子标和焦斌龙（2005）等国内学者通过实证分析，总结归纳出了区域文化产业集聚发展的一般模式。

2）乡村或小城市文化产业集聚

虽然创意产业更倾向于在城市区域集聚，文化产业却不仅仅存在于大城市中，而是同时存在于很多乡村之中。Norcliffe and Rendace（2003）通过描述北美漫画业，指出通信技术的发展会导致有些文化行业的分布更分散，进而扩散至环境更好的农村地区。Bassett et al.（2002）通过对布里斯托的电影制作产业的集聚实证分析，指出某些小城市也能够发展出更独立的小规模文化产业集聚，且这种集聚的可持续性更依赖当地的独特气质，而这种气质很难被其他地区所复制。Scott(2000)也认为，一些特定的经济发达程度并不是很高的城市，仍能凭借特定的文化特征形成较小型的文化产业集聚。这些城市包括了布里斯托，以及亚洲、非洲的一些中小型城市。

因此，从文献中看，文化产业很难总结出适合全部技术和市场环境的产业特征，学术界也并不存在以全球范围为视角的文化产业发展历史和经营模式的描述和概括。总结国内外对区域文化产业发展的模式研究，可以得出这一结论：发展文化产业集聚的关键在于发挥区域自身的比较优势，而不存在产业集聚的普适规律。

2.3.2　文化产业空间集聚机制

关于文化产业集聚原因的探寻工作真正始于 21 世纪初，以斯科特(Scott)、普拉特(Pratt)和拉泽雷蒂(Lazzeretti)、胡惠林、花建等文化经济学家为代表的学者们开始关注文化产业为何在世界各地产生了集聚。

1)产业链上的制作与发行

在较为著名的研究中，对于文化产业中的生产(制作)环节，Scott(1996，1997，2000)指出文化产业有五个"技术—组织"层面的特征：第一，生产和分配过程必需投入大量高质量的人力资本，以及支持他们的先进计算机技术；第二，生产过程几乎永远在中小型企业的稠密网络里组织起来，这些企业互相紧密联系；第三，这些企业之间的稠密网络具有多方面的复杂性，具有对当地高质量人力资本的高需求；第四，这种产业复杂性充满着外部经济；第五，文化产业的复杂性也依赖于一系列基础设施，这些基础设施提供了日常管理开支和信息支持，并促进制作人之间的互相信任和合作。总结来看，专业化形成了文化产业在文化从业者、内容制作、产业链上的各个环节支持等规模经济和外部性。因此，紧密的互相联系和显著外部性导致了较强烈的集聚倾向，文化产品的制作产业经常是区域化的，并常常在城市中心集聚。城市中的文化产品发行和推广环节更多体现了城市化经济：当地的服务业部门为文化产业提供了金融、法律等服务，使发行工作更加有秩序(Flew，2010；Scott，1997)，同时更大的市场也使得文化产品被更多人所发现。总结斯科特的研究，可以发现其较为明显地体现了专业化和城市化这两个集聚经济因素。与此同时，胡惠林(2018)总结了文化经济活动的不可分性是集聚的重要条件,如果若干文化企业集中于同一地区,形成产业之间的联系,便能逐步产生文化产业集聚现象。因此从理论上说,文化产业的集聚兼具专业化经济和多样化经济的因素。

2)地方文化与特质

除了文化产业运行特征导致的对集聚的普遍需求外,地方文化也是文化产业集聚的起源之一。例如,Molotch(2002)以及 Logan and Molotch(2007)认为地方特质与本地生产的文化产品形象互相影响,因此,地方对作品的认同感对创意合作有重要影响。Pratt(2002)指出当地的文化会促进文化的生产和消费,也可以为文化产品和文化就业提供生根于当地的地理品牌和声誉。在吸收地方独特的文化传统和符号资源的基础上,创意人员再进行艺术创作或文化生产,便可以基于当地的整体创意促进发展(Drake,2003)。Power and Scott(2004)也认为文化产品饱含社会意义和符号价值,因而会受到当地创意氛围和地理环境的很大影响。Scott(2000)研究了洛杉矶等城市的电影和珠宝等行业,发现文化具有明显的地方特质,空间因素在文化及其产品的产生过程中起到了重要作用。总结上述研究,可发现地方文化和特质在支持当地文化产业集聚、建立声誉以及文化产品身份识别方面提供了很大帮助。基于此,本书在进行实证研究时,着重区分了不同城市和地区对文化产业发展的影响。

3)知识和创意溢出

集聚经济研究更多地集中在知识溢出、创新等方面。Polnayi(1966)将知识区分为显性知识和缄默知识。与很多制造业的标准化生产过程不同,文化产业中存在大量的缄默知识,这些知识很难通过远程学习某些标准来获得,而是需要更近的地理距离,从而促进面对面交流,以获得这些缄默知识。因而面对面交流的重要性不言而喻。例如,Caves(2000)研究发现,通过与其他同行的面对面交流,画家和视觉艺术家有机会近距离欣赏其他画家的作品,并从中学习创作技巧和创意构思。这种创意的学习是简单地阅读杂志所无法替代的,更为重要的是他们可以在同行关系网络中分享更流行和更受欢迎的创新作品。Storper and Venables(2004)也研究了面对面交流对创意活动的作用机制,并指出面对面交流展现了一种彼此学习和合作的社会化心理动机,这在信息不完全且无法标准化的创意活动环境中很关键,因为它有助于提高社会认同感和解决艺术家的激励问题。

另外还有文献将知识和创意溢出与地方文化和特质相关联。例如，O'Connor(2004)认为缄默知识具有本地根植性，无法远距离传播，只能在当地通过面对面交流获得，因此创意产业在当地的集聚很大程度上归因于此。创新与来自当地的文化风格、面貌、声音等象征性内容直接相关，城市也因此成为母体，将文化消费需求与本地生产相融合。当创意和当地情景融合，可以产生重大创新。

4）实证与案例研究

除了上述的理论探讨，文化产业集聚机制的实证分析文献也较多。较早寻找文化产业集聚因素并进行实证研究的是 Lazzeretti，Garpone，Boix(2009)。Lazzeretti，Garpone，Boix(2008，2009)分析了意大利和西班牙的文化和创意产业集聚，总结了文化产业集聚的五大原因：①城市所拥有的历史文化遗产；②相关多样性（Related Variety）；③集聚带来的效率增进；④人力资源的集中；⑤Florida(2009)所提出的创意阶层的崛起。针对这五个原因，拉泽雷蒂(Lazzeretti)分别寻找了相应的指标进行衡量，并用意大利和西班牙的数据进行了截面回归计量分析和比较研究，指出这两个国家的文化产业集聚特征不同，西班牙的文化产业更为集中一些，而有些因素并不是两个国家文化产业集聚的共通因素。具体而言，历史文化遗产在文化产业集聚中的作用不明显，集聚经济因素对两国文化产业集聚程度均有显著正向关系，但程度和特征有所不同，佛罗里达的 3T（技术、人才、包容）因素也是两国文化产业集聚的共同原因。

在案例研究中，Vang and Chaminade(2007)研究了全球和当地的联系对知识溢出及文化产业集聚的影响。他们以多伦多电影产业集聚受到的来自好莱坞外包活动的影响为例，发现多伦多电影产业集聚具备了集聚发展的所有要素，包括专业化或多样化的供应商、高质量的人力资本、宽容和开放的城市环境等，但当地电影生产的集聚经济却并不明显。他们认为原因在于虽然多伦多电影产业与好莱坞有紧密的联系，但外包活动往往是一次性项目。前期制作和后期的制作、销售等创意活动的核心环节主要集中在好莱坞，这些外包活动包含的缄默知识较少，很难利用当地特质而产生集聚经济的实际效应。

2.3.3　中国文化产业集聚机制研究

自 2005 年起，中国开始出现对于文化产业集聚的形成和影响因素的探讨。

刘保昌(2008)认为文化产业集聚的出现,需要诸多因素的共同作用,例如初始文化资源、人力资源、文化创业者的集聚,以及当地的创新文化和文化消费能力等。王伟年,张平宇(2006)则认为上述条件还包括制度因素和信息技术等。陈祝平和黄艳麟(2006)认为文化产业集聚形成的主要机理有三个:竞争、创新和节约。刘蔚和郭萍(2007)针对文化产业的特征和中国文化产业集聚政策,对文化产业集群政策的系统设计进行了分析。此外,还有李学鑫,田广增,苗长虹(2010)、于文志(2010)和胡腊妹(2011)也以河南、北京等地的相关区域总结了相关影响因素,这些因素与上述研究较为一致。

而针对中国文化产业集聚影响因素的实证研究,比较有代表性的是 Ko and Mok(2014),他们通过利用动态空间面板模型,验证了文化产业集聚存在城市间的空间溢出,人力资本、产业结构发展水平、通讯基础设施建设等城市发展因素对文化产业集聚的发展有着显著的正向关系。同时,他们还指出文化产业集聚存在时间序列的自相关性,即集聚的历史影响着城市文化产业及其集聚的未来发展趋势。

此外,袁海(2011)借鉴了 Lazzeretti(2009),运用省份层面的截面数据研究了全国的文化产业集聚及其因素。该研究与拉泽雷蒂所不同的是其运用了空间计量模型,额外分析了邻近省份的集聚对本地集聚的影响,所得出的结论则与拉泽雷蒂类似。本书也运用了相关空间计量方法,试图揭示文化产业集聚中空间互相影响的程度。王洁(2007)采用区位行业集中率和基尼系数指标测算了中国文化和创意产业的集聚水平,结果表明中国文化产业及创意产业相关细分行业的集聚程度高于典型工业产业。

更多的实证研究通过研究单一地区(如浙江省、山西省、湖南省、西安市等)的文化产业集聚(马仁锋等,2018;刘振锋等,2016;戴钰,2012;孙玉梅和秦俊丽,2011),总结出了科学和教育发展、政府政策、市场规模、自然环境、交通便利性和地方文化等因素。因为上述因素对文化企业的生产率的影响机制可能有别于集聚经济,因此本书借鉴了上述研究的成果,选取其中的某些因素作为回归模型中的控制变量。

2.4　文化产业集聚效应研究

与传统制造业相同,文化产业的集聚显然会对本地的总体经济发展起到推动作用。事实上,各地的政府当局正开始不遗余力地推动文化产业的发展,甚至比传统制造业的招商引资更具倾向性。之所以有这样的举措,本书认为是因为文化产业的发展不仅在于产业的效益增长,更在于创意的集聚和艺术家等人力资本和知识资本对当地综合竞争力起到了潜移默化的正面作用。同时,城市的吸引力对于文化产业的集聚也有着反馈作用。

2.4.1 文化产业集聚与经济增长

文化产业集聚作为可持续经济发展的引擎,其战略作用已经被多个政府当局明确肯定(OECD,2005)。

文化产业集聚能够定义当地经济系统的文化动态(Pilotti and Rinaldin,2004)。Santagata(2002)认为文化产业集聚可以实现地区的内生经济增长。因为文化产业具有报酬递增、创作弹性大以及与其他文化外围产业的强关联的特点,这些都可以促进地区内更多产业部门的效率和活力提升。桑塔加塔(Santagata)还结合文化产品的特质和产业区的概念,提出产业文化区(Industrial Cultural Districts),认为产业文化区具有较大的外部性,导致市场交易成本降低,并使缄默知识得以有效传播,实现企业之间更稠密的社交网络和更快的创新速度等。而且,产业文化区还具有"工作室效应"和"创意产品差异化效应",前者可以培养文化创意人员——不仅可满足当地产业的需要,还可为创意企业提供人才储备;后者则可以加速新产品的产生和产品差异化的进程(陈小彤,2018)。

2.4.2 文化产业集聚与城市发展

上文介绍了文化产业对于城市的空间偏好,反过来文化产业空间集聚也会促进城市发展和影响城市空间形态。文化产业集聚是推动可持续经济发展的引擎,不仅有利于吸引人力资本、便于知识的生成和传播,而且可以促进新生产链和环节的形成(OECD,2019)。

自21世纪以来,文化产业在城市中的集聚一直受到关注。Hutton(2000,2004)研究发现,以创意为主导的产业区倾向于在大都市的内城和中央商务区分布,这些创意活动反过来将这些区域变成新的生产空间。文献也对城市推动文化产业的政策进行了分析。例如,Mommas(2004)以荷兰的文化产业集聚战略为例,将文化产业集聚对城市的促进作用总结为:①城市身份、城市吸引力和娱乐市场定位的强化;②艺术创作的商业化;③创新和创意能力的提高;④旧厂房和废弃区域的重新利用;⑤文化多样性的保持。Evans(2009)则通过比较全球主要创意城市的文化产业政策,发现了城市政策的共通性,这些共通性包括创意空间和文化创意集聚的推动。

还有文献关注文化就业对城市发展的促进作用。Florida(2009)在《创意阶层的崛起》一书中提出 3T 理论,即 Tolerance(包容)、Talent(人才)、Technology(技术)。他基于创意城市的概念,从人力资本的角度分析了创意阶层对地区经济增长的重要性,认为城市的多样性促进了创意生成,并指出拥有 3T 的城市对创意阶层的吸引力,认为文化企业的城市集聚研究视角应转向对创意人才的视角,这与过去企业主导员工的迁移转向现在员工影响企业区位选择的事实相符合(方永恒、祝欣悦,2018;刘导,2015;贺英,2015)。当然,本书认为这需要考虑不同地区的创意城市发展水平,而不应忽视文化企业作为产业化、市场化组织在创意城市发展中的作用。

总结而言,集聚经济的产业关联性、创意阶层提供的高质量人力资本,以及文化产业集聚程度是城市文化经济发展的主要原因(Scott,2006)。反过来,创意集聚也在影响城市政策和文化产业集聚程度,促进城市的产出质量(Wu,2006)。

2.4.3　中国文化产业集聚效应研究

关于中国文化产业集聚对城市及其经济增长的效应研究,主要是从理论视角出发,总结区域文化产业发展与经济发展之间的关系。厉无畏、王慧敏(2006)认为创意产业集聚起到了转变经济增长方式和促进产业结构升级的作用。虞雪峰(2007)以上海创意产业集聚为例,分析了创意产业集聚所形成的群聚效应、产业链效应、放大效应、技术成果溢出效应。陈建军、葛宝琴(2008)把文化产业集聚的作用总结为外部性、规模收益、源市场效应、创新能力、降低风险等。康小明、向勇(2005)根据"钻石理论"模型,发现生产要素、需求规模、文化企业战略、辅助产业和政府行为是文化产业集聚的因素,而这些因素也都对应了整体经济的发展。华正伟(2011)指出文化创意产业集聚具有一系列效应,它们包括:成本节约、规模经济、区域品牌效应、创新连锁反应、竞争合作效应以及互补效应。张亚丽、张延延、林秀梅(2015)通过投入产出模型，揭示了文化服务业和文化制造业对地区产业的关联、波及与拉动效应。安锦、陈争辉(2015)分析了文化产业的地区就业效应。

此外，有少数研究从宏观层面实证检验了文化产业集聚对区域文化产业发展和文化产业效率的影响(袁海，2011)，但本书发现，从文化企业的视角出发的实证研究依然很少。

2.4.4　文化产业集聚与生产率的关系

直接讨论文化产业集聚与生产率关系的文献主要关注两个方面：一是艺术家个人的生产率与艺术家集聚的关系，二是文化产业集聚与地区整体生产率的关系。例如在第一个方面，Borowiecki(2013，2015)回顾了出生于1750—1899年的全球116位古典音乐作曲家的生活地点，发现了他们的创作力与他们的集聚地(巴黎、维也纳和伦敦)存在正向关系，这些作曲家每年创作的数量与在同一地区的同行数量正相关。Mitchell(2016)回顾了出生在1700—1925年370位英国和爱尔兰文学家，发现他们每年创作的数量与他们是否生活在伦敦存在正向关系。再例如在第二个方面，Boix-Domenech and Soler-Marco(2017)以24个欧盟国家为样本，发现文化产业就业更多的地区拥有更高的劳动生产率水平；Boualam(2014)以美国346个都市地区为例，发现地区的工资和租金增长也与文化产业就业比例存在显著正相关关系。Falck et al.(2018)指出，文化产业通过吸引高技能人员，并带动所有高技能和低技能人员的生产率，进而提高社会产出。Florida(2008)则发现文化产业就业可通过提升整体技术水平，促进地区劳动生产率的提高。向勇、喻文益(2011)认为全要素生产率包括无形的技术创意、组织创意和文化创意，由此指出文化产业更应被理解为经济增长的原因，而不仅仅是经济增长的结果。

在文化产业中，艺术家的创意和文化企业所拥有的"文化资本"可以有效地解释文化企业所独有的TFP(全要素生产率)概念。另外，尽管严格意义上的"效率"应该指单位成本的有效降低，但从产出角度来看，效率只在一定程度上与成本角度相对应，而在文化生产部门中，单位成本的降低并不能完全反映所谓的"创意"生成过程。因此，本书最终采用了TFP作为衡量文化企业生产率的指标。现有的研究产业集聚的文献可以分为两类：一种以TFP作为研究对象；另一种着重分析不同集聚效应的作用。不论哪一类研究,均需要估计产业、地区或企业层面的生产率,而文献中几乎不存在针对文化产业的类似研究。本书也正是在这样一个文献缺失的背景下,尝试结合上述两类研究,解释文化产业和企业的生产率与集聚之间的关系。

2.5 文化产业的市场结构研究

由于文化产业并不是传统经济学和产业组织学的传统研究领域,关于文化产业的正统产业组织学研究较少。但我们可以从文化产业经营模式和生产组织及其变迁中窥视文化产业市场结构的变化。

2.5.1 市场集中的研究

大企业的形成和产业集中相辅相成,产业集中和产业中典型企业的利润率关系可以较好地反映一般意义上的大企业经营效率。自 20 世纪 50 年代美国学者 Bain(1951)发表了开创性的文章以来[①],利润率与产业集中度、市场份额等市场结构关系的研究就成为产业经济学的核心问题,其中尤以 SCP(结构—行为—绩效)分析范式为盛。在 SCP 分析范式下,高度集中的市场结构往往与企业的竞争行为紧密联系,例如寡占市场中的企业面临寡头竞争的典型策略选择,而完全竞争的市场中企业的行为又与寡占市场大相径庭。

总结贝恩(Bain)的一系列研究[②],其理论主要包括以下三个要点:①在足够的样本中,高市场集中度会与产品价格和长期平均成本(即边际成本)的更大超出率正相关。在有关的验证研究中,这种所谓超出率通常可表示为价格—边际成本差率(price-cost margin, PCM)或销售利润率;②较高或中等程度的市场集中度与较少的超出率正相关;③市场集中度较低的产业中并未发现明显的超出率。

在产业组织学历史上,关于贝恩"集中度—利润率"假说的各种验证很多,并

---

① 尽管存在不少的先期研究,但贝恩一直被公认为是"集中度—利润率"假说的正式提出者。
② 其中最著名的一次验证是在 1951 年,贝恩所选择的样本包括 42 个属于制造业的产业,这些产业都是从统计意义上的产业中精心选出的,均为四位数产业。本项验证的目的,是确定卖者集中度(1935)与产业年平均净资产利润率(1936—1940)之间的关系。

且主要集中于 20 世纪 70 年代中期以前[①]。在这些研究中，除了斯蒂格勒（Stigler）之外，其余研究都得出了相似的结论，即较高集中度的产业通常有着较高的利润率。不过，其中没有任何一项研究能够对利润率与集中度之间的关系作出完美的揭示[②]。

20 世纪 80 年代后，计量技术开始大范围应用到 SCP 分析和集中度与利润率假说的验证中。同时随着统计数据变多，数据来源也变得多元化，越来越多的研究开始使用企业层面数据进行经验研究（李停，2010）。中国各类制造业集中度与利润率假说的经验研究也很丰富，例如杜传忠（2002）及张春霞、罗守贵（2006）针对工业和制造业，陈志广（2005）及占明珍、夏庆（2013）针对汽车制造业等的研究。从诸多文献的研究结论看，中国制造业的集中度与利润率大多存在相关性，但也存在相当数量的研究结论则相反。

总体而言，关于集中度与利润率、SCP 分析等研究大多分布于具体的制造业中。与制造业相比，文化产业在供给、需求、技术和政策等方面有其特殊性，以及数据的获得难度，给实证研究带来了困难。国内外专门针对文化产业的相关研究较少。

2.5.2   文化产业组织

为了梳理文化产业的市场集中与企业利润和效率的研究，需回溯文化产业组织的变迁过程。Williams（1989）考察了文化部门生产的三个时代：资助、专业市场和专业公司。文化生产的第一个时代是从中世纪到 19 世纪的资助时代，很多诗人、音乐家和画家得到了贵族群体的扶持和供养；第二个时代是 19 世纪以来的专业市场时代，文化艺术作品交易的专业化市场逐渐出现，创作行为开始由市场组织起来，在文化生产中出现了发行或生产中介等更为复杂的劳动分工；第三个时代是从 20 世纪初开始的专业公司时代，文化专业公司到 20 世纪 50 年代以后急剧扩充。专业公司的出现，使得文化生产变得更加专业化和更具组织性。Hesmondhalgh（2013）认为，专业复合体形式是 20 世纪 50 年代以来文化生产的

[①]   其中较为著名的研究包括：Schwartzman（1959）、Levinson（1960）、Fuchs（1961）、Weiss（1963）、Stigler（1963）、Comanor and Wilson（1967）、Collins and Preston（1968，1969）、Philips（1971）以及 Weiss（1974）等。

[②]   更加深入的讨论参见丹尼斯·卡尔顿和杰弗里·佩罗夫（1998）。

主导形态,资助和专业市场的形式依然存在,也与非市场化形式的文化生产机构并存,如国家广播公司等机构。

工业革命以来,工业生产始终存在弹性生产和大规模标准化生产两种形式。文化产品的生产组织也经历了几乎同样的发展演变。例如,Vany(2007)分析了美国电影制片业的生产组织变迁,揭示了文化产业市场的集中趋势。自 20 世纪 30 年代以来,美国电影业将大规模工业化生产方式引入其中,建立了流水生产线式的电影生产系统,并通过一系列的并购,实现影片的生产、发行和放映环节的垂直整合。少量大企业在行业内形成寡占的竞争,例如二十世纪福克斯、华纳兄弟、派拉蒙、米高梅、雷电华这 5 家从制片到放映,拥有整个系统的大型制片厂,形成了好莱坞的大制片公司在全世界电影产业中的垄断地位。

但文化产业的技术环境和政策环境的变化导致了企业集聚,带来了更为灵活的专业化文化生产组织。文化企业选择在特定的空间集聚,沿着文化产业价值链的各环节分布,分别从事文化产品的创意、生产、发行、销售等分工环节的工作,以企业间分工和协作的网络组织形式形成了共同从事文化产品的专业化生产。仍以好莱坞的电影业为例,集聚带来的激烈竞争形成了一个由大制片厂、独立制片人以及专业化的服务公司组成的高度相互依赖的复杂市场,组合成不同的专业公司来满足各种生产带来的需求。因此,企业的集聚导致了产业链条的拉长,也导致了众多小企业分布在各个产业链环节中,行业的市场集中度也有所减小。可见,文化产业的市场集中度下降也很有可能为大量企业带来效益的增进,进而对企业的生产率产生影响,但大型文化企业是否能够获得更多效益,需要进一步确认。

2.6　本章小结

在界定文化产业的基础上,本章以梳理文化产业生产率的文献为起点,总结了文化产业集聚的特征、机理和效应及其在中国的表现。总体而言,文化产业集聚的文献比较系统和丰富。但文献对于文化产业市场结构和竞争的关注略显缺乏。

具体而言,文化产业的生产率研究更聚焦于解释文化产业应用经济学理论时面临的困难和解决办法。文化产业集聚的文献更聚焦于关注宏观、产业和区域层面经济发展的总体促进作用，较少将文化生产效率与文化集聚现象相关联，从微观视角出发的实证研究则更少。对于文化产业市场结构的研究，除了著名的"成本疾病"外，其他的研究均不甚严谨，这些研究大多出现在介绍性的书籍中，较少文献针对这些因素建立模型和进行实证研究。

文化产业集聚的理论研究具有多学科的研究特点，它结合了空间经济学和社会学的相关理论，并从集聚经济、外部性、本地市场竞争效应和知识溢出等方面解释文化产业集聚的原因，同时加入了文化地理学对地方文化和创意环境的关注。但在理论研究较为深入的情况下，现有研究仍然缺乏对文化产业集聚和竞争的实证分析，同时也缺乏对文化产业集聚和竞争机制的解释。

另外，相比国外的研究，中国对文化产业生产率的研究更显薄弱，主要表现为研究视角单一和实证研究缺乏等不足，在对中国文化产业空间集聚的全局测度以及中国文化产业集聚效应的实证检验方面还有许多空间。

第 3 章 文化产业的空间集聚与市场集中机制研究

本章旨在为文化产业集聚和市场集中的实证研究提供理论依据,梳理国内外文化产业发展历程和文化产业集聚、市场集中的形成机制,主要包括四个部分:第一部分包括 3.1 节和 3.2 节,从劳动分工和生产效率的角度回溯文化产业的发展过程,提供了一条时间线索,即文化产业的集聚和市场集中的产生时间不同;第二部分包括 3.3 节和 3.4 节,主要揭示文化产业集聚的现实特征和理论依据;第三部分为 3.5 节和 3.6 节,主要揭示文化产业市场集中的现实特征和理论依据;第四部分 3.7 节,为本章小结。

3.1 分工与生产率视角下的文化产业发展历程

在讨论文化产业的集聚现象和产业组织的变迁问题时,本节借鉴 Williams (1981)和 Hesmondhalgh(2013)的研究,从文化生产和分工的视角简要回溯文化产业的历史。自中世纪至今,文化生产大致可分为三个阶段:供养(或称资助,patronage)、专业市场(market professional)、专业公司(corporate professional)。

自中世纪至 19 世纪末,很多诗人、画家、音乐家都会受到贵族的保护和资助(宗祖盼,李凤亮,2019)。这种供养体系直到 19 世纪早期还占据着文化生产的主要地位,而且这种现象现在仍然零星存在。此阶段并未形成文化产业的概念,更多的是贵族不顾经济利益,自愿供养艺术家,以获得经济上无法衡量的、精神上的愉悦感等方面的效用提高,而"艺术大师"们也经常是身兼数职,因为靠资助获得的收入并不具有可持续性。因此也无从谈起劳动分工在文化生产中的作用。令人感到意外的是,从那时起,艺术人员的集聚很快地形成了。有证据表明,中世纪结束后的四个主要时期中(文艺复兴时期、19 世纪上半叶、19 世纪下半叶以及 20 世纪上半叶),几乎所有重要的视觉艺术家们(画家、雕塑家、建筑设计人员等)都表现了显著的群聚特征。这四个时期的主导地区分别是佛罗伦萨和罗马、巴黎和伦敦、巴黎、纽约(O'Hagan and Hellmanzik,2008)。还有证据表明在全球化开始兴起的 18 世纪,音乐家们的出生地并不能阻碍他们迁徙和群聚于某些特定地方(O'Hagan and Borowiecki,2010)。不得不指出的是,通常认为的艺术家强烈甚至孤傲的个性并未阻碍他们走近彼此。

19 世纪以来,大众的艺术需求增加,艺术作品逐渐可以被用来出售了。这意味着内容和创意的生产行为逐渐被市场组织起来。越来越多的作品并不直接销售给消费者,而是通过中介机构(包括发行中介,如书商等;生产中介,如出版商等)进行销售,这促进了比供养时代更为复杂的文化劳动分工。到 20 世纪初,随着大众收入和闲暇的增加,中介机构变得更加资本化。获得市场成功的内容创作者因为获得了可靠的经济来源,开始成为专职艺术人员。由此,文化产业的意义变得深远。毫无疑问,是 19 世纪工业革命引致的普通制造的产业化牵引着文化产业的诞生。在这个时代,文化生产也具有了"商品"含义,进而促成了产业的萌芽。越来越大的市场容量孕育了纵向的劳动分工,内容生产者获得了来自下游新兴主体的有力支持。同时,文化生产开始与诸多其他服务产业产生紧密联系,因为文化产品需要这些产业提供传播的便捷渠道,而这些资源在当时大多集中在少数大城市里。由此,城市内的文化产业集聚开始诞生。

从 20 世纪初开始,出现了威廉姆斯(Williams)所称的"专业公司"[①],这些"公司"在 20 世纪上半叶急剧扩张,艺术作品的委托生产开始出现,并且专业化和组织性持续提高。通过日常化的酬金甚至是合同签订,更多的艺术人员变成文化公司的直接雇员。除了作家、音乐家和戏剧表演等传统人员外,新的媒体技术出现,最典型的便是广播、电视和电影,进而产生了新的艺术形式。不过,新技术的出现并未使得传统艺术行业的发展受到制约,相反,它们通过新媒体的渠道获得了更多的市场。因此,这个时代的最重要特征之一就是围绕文本生产的越来越复杂的劳动分工。在此基础上,文化生产越来越产业化,也愈加表现出像制造业一样的对于地理位置邻近的依赖性。

自此,文化产业开始快速膨胀,20 世纪下半叶则是以这群"专业公司"为主

---

① Hesmondhalgh(2013)将此类事务称为专业复合体(Complex Professional),因为这些主体更像是从事文化生产和销售的有组织群体,而不是真正意义上的"现代企业"。

要组成部分的文化产业呈现兴盛趋势。当前,大型文化公司的重要地位不言而喻,而这些大型公司便是由这些专业公司演化而来的。也正是在这一时代,众多小型文化企业进入市场的同时,大公司的数量也越来越多,市场似乎越来越受少数集团化文化公司所垄断,以至于产生了多例政府对这些公司的反垄断诉讼案件(参见第 7 章的案例分析)。

3.2　文化产业的分工及产业链构成

1)内容生产的核心地位

尽管本书从文化产业的发展历史中发现分工扮演了文化生产产业化和集聚的重要角色,但纵观文化产业从资助到专业市场、再到专业复合体的发展历史,其劳动分工似乎始终都比制造业更简单,因为文化产业的核心是艺术和创意人员。几乎所有的经济活动都要围绕其内容来开展。内容既是文化产业链的中心,又是一系列后续环节的起点。

正因为内容生产居核心地位,即使是在产业组织越来越倾向于企业形式的现代市场中,内容创作的自主权都一直被产业内的各方所强调。例如,好莱坞的摄影棚体制已经持续很多年,其对电影的构思和拍摄施加了非常严格的控制,但即便如此,电影导演和编剧在特定电影模式和类型下依然拥有非常大的自主权。

由此,如何体现文化产业的产业化成为关键问题。我们认为,正是内容创作阶段直至内容传达到消费者的后续环节中,例如复制和发行有了更严格的控制,才使得文化产业具有了产业化色彩。这种产业化尤其表现在确定电影、书籍、唱片等母带和母本的复制和发布日程上。在这些工作中,权力和责任通常集中在企业层面,而不是内容创作者。由此,可以将文化产业简单地分为两个区别明显的分工阶段:内容创作和后续阶段。

2)现代文化产业链分工

对文化产业链分工问题的回答同时呼应了本书关于产业多样化集聚经济和市场结构的探讨。自 20 世纪以来的很长一段时间内,文化产业的垂直分工维持了一个相对简单的框架,即文化内容的创作始终维持着产业链条中的核心地位。而在产业链全球化的背景下,越来越多的实践表明:产业链管理是提高文化产业竞争力的必由之路,文化企业之间的竞争正逐步演变为产业链的竞争(王克岭,陈微,李俊,2013)。由此,文化产业的产业链分工布局从内容生产环节的集中逐步转变为更加均匀的分布。

20世纪以来,文献对文化产业链的研究集中在产业链的初始和结束两端,即初始的艺术创作或内容生产,以及产品的发行和传播,较少关注整体产业链条中内容或产品的流动过程,以及服务于该过程的个人和组织。但事实上与制造业类似,产业化背景下的文化生产和传播也在寻求产业链中不同环节的支持(Hirsch,1972;曹如中,高长春,曹桂红,2010)。

在产业多样化视角下,文化产业链涵盖艺术创作、产品设计、生产、商业化销售、推广等环节。尽管文化创意贯穿其中,最终将产品送至消费者手中,但缺少其他产业部门的支持,传播和增值的过程将受到阻碍。文化产业链的各个环节提供了无法替代的附加价值,具体结构如图3-1所示。

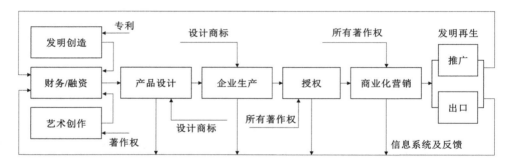

图3-1 产业多样化视角下的文化产业链

资料来源:林明该(2009)。

具体而言,以图书、杂志、电影、电视等为代表的现代听觉、视觉艺术产业为例,文化内容生产的"阶段"大致可分为图3-2所示的四个方面。

3.3 文化产业空间集聚的现实特征

文化产业集聚城市和集聚区是全球文化产业集聚的两个重要形式。相对于国外大量由市场自发形成的文化产业区域,中国文化产业园区的建设和形成更多是通过政府政策来推动的。

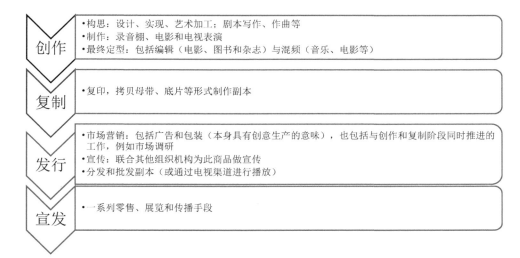

图 3-2　文化生产的阶段

资料来源：Hesmondhalgh(2007)；Ryan(1993)。

3.3.1　发达国家文化产业空间集聚现状

1)集聚城市

文化产业在发达国家的发展历史悠久,其集聚的历史也可追溯到几百年前,因此,文化产业集聚已经较为发达,以至于形成了城市、地区为代表的更大地理层级范围内的集聚。其中,美国、英国、日本等国家的相关城市为盛。

美国文化创意产业主要分布在加利福尼亚州、纽约州、得克萨斯州、佛罗里达州四个州(许意强,2017),近年来由于税收优惠政策使得佐治亚州也成为电影产业集聚的重要地区。

英国的创意产业以广告、建筑、古玩、工艺品、设计(包括服装设计)、影视与广播、软件和电脑服务、音乐、表演艺术、出版等为主。在英国的城市中,伦敦以创意产业和电影摄制中心,曼彻斯特以数字媒体产业,爱丁堡以文化旅游业,伯明翰以国际会议中心,谢菲尔德以工业革命老城区改建的创意文化产业,布里斯托以电影产业集群,共同构成了文化产业集聚城市群。

日本的动漫产业在全球占据领头羊地位,主要集中在东京和大阪。东京的练马区聚集了400多个动漫工作室,这几乎包括了东京所有的动漫工作室。同时日本的游戏产业几乎占全世界市场的50%以上。

2)文化产业集聚区

从不同的角度,国外文化产业集聚区有不同的划分方法。集聚区类型划分也体现了发达国家文化产业集聚形成的历史和机制。其中,最具参考意义的是Mommaas(2016)在分析文化产业集聚区时提出的,文化产业集聚区类型的区分有七个核心尺度可以参考:①集聚区内活动的横向组合及其协作和一体化水平;②集聚区内文化功能的垂直组合,即设计、生产、交换和消费活动具体的混合,以及与此相关的集聚区内融合水平;③涉及集聚区管理的不同参与者的集聚区组织架构;④金融制度和相关的公私部门利用金融制度的方式;⑤集聚空间开放或者封闭的程度;⑥集聚区具体的发展路径;⑦集聚区的区位。

借鉴 Mommaas(2016)和 Santagata(2009),按照功能,文化产业集聚可区分为四类:产业型、机构型、博物馆型、都市型。

(1)产业型。这种类型的文化集聚区主要是以地方文化、艺术和工艺传统为基础而建立的。此类集聚区的独特之处在于其"工作室效应"和"创意产品的差异"。例如,佐治亚州亚特兰大的电影拍摄场地最初由政策推动而产生,当前这类集聚区已经成功积累了坚实的产业化基础。

(2)机构型。其主要的建立基础是产权转让行为,主要是以正规机构为代表的驻场企业聚集。

(3)博物馆型。其主要的建立基础是当地的博物馆网络,主要分布于具有历史传统的老城区和城市中心内,并具有历史文化吸引力。

(4)都市型。这种类型的文化集聚区主要是以信息技术、表演艺术、休闲产业和电子商务为基础而建立的。作为主要的文化产业集聚区形式,该类型的集聚区遍布于西方国家的主要大城市里,好莱坞比弗利山的电影和音乐产业、纽约的戏剧事业集聚和苏荷(SOHO)区便是经典的例子。表3-1列示了世界上著名的文化产业集聚区及其分类。

表3-1   世界上著名的文化产业集聚区及其分类

集聚区	城市	产业特色	集聚区	城市	产业特色
意大利托尔托纳	米兰	博物馆型:创意与会展	日本东京立川公共艺术区	东京	都市型:设计、公共艺术

（续表）

集聚区	城市	产业特色	集聚区	城市	产业特色
中国上海 M50	上海	产业型：视觉艺术	美国洛杉矶酿酒厂艺术村	洛杉矶	博物馆型：视觉艺术、制造业文化
韩国首尔 Heyri	首尔	都市型：创意	英国伦敦南岸艺术区	伦敦	都市型：旅游、休闲
美国鱼雷工厂艺术中心	亚历山大	博物馆型：视觉艺术与设计	美国纽约苏荷	纽约	都市型：时尚、文学等综合艺术
中国北京 798 艺术区	北京	都市型：创意、文化遗产、视觉艺术	美国佐治亚州亚特兰大影视拍摄基地	亚特兰大	产业型：电影产业
英国伦敦克勒肯维尔	伦敦	产业型：数码创意与设计			

3.3.2　中国文化产业园区的发展

相对于集聚区的概念，中国大多数地区的文化产业集聚形式更适合称为文化产业园区。其中，存在不少集聚程度较高、产业分布合理的案例，例如北京、上海等地的文化产业园区，这些园区包括：北京朝阳区酒仙桥路 798 工厂的老厂房改造而来的大山子艺术区、上海泰康路 210 弄的田子坊创意产业园区、上海建国中路的八号桥创意产业园区等。这些创意产业集聚区，利用现有建筑创造了创意产业发展的平台，又保护了历史文化财产，是文化产业与工业历史建筑保护、文化旅游相结合的范例。另外，还有一些以大学、高新技术园区等开发区、传统特色文化社区、艺术家村等为依托发展的文化产业园区发展较好。

然而，中国更多的产业园区的建设并未借鉴文化产业集聚规律，发展成效不足。2009 年《文化产业振兴规划》出台后，各地开始着重发展和建设文化产业园区。某些地区盲目建设文化产业园区的现象仍然十分普遍。毫无疑问的是，这种现象不仅造成了资源的浪费，而且很可能并未发挥文化产业集聚经济效应。长期以来，中国各地文化产业园区的发展表现出三个主要的结构性问题：

第一，文化产业园区定位模糊。这导致了很多产业园或城市区域并非真实意义上的文化产业园区，但它们都自称为文化产业园或艺术区，例如各种文化交流中心、主题公园、商业街区、会展区。这些园区中，有的专业化集聚不够，园区内行业众多、杂乱，很难形成专业化经济和规模效应，很难称之为一个产业集聚区；有的则仅仅是一个售卖工艺品的集市。这些集市看起来创意颇多，但很少是原创的，并且其售卖的产品往往并不具备很高的艺术品位和价值。

第二，同质化竞争和重复建设。目前，大量文化产业园区中，企业处于完全相同的细分产业领域，产品和服务同质化现象严重，进而导致同质化竞争（胡惠林、王婧，2012）。陈少峰（2011）指出，这种现象的最典型代表是动漫基地，尤其是在电视动画制作领域。尽管中国动画电视剧数量众多，但是动漫基地或产业园区形成产业链形态的集聚和龙头企业带动的产业发展格局并未形成。

第三，园区运行与城市经济社会脱离和隔绝。中国大量文化产业园区和艺术街区虽然地处城市闹市区，但和周围城市建设脱离。园区或街区内"创意盎然"，但走出园区或街区，便可看到完全不同于园区内部的城市景观，园区或街区的影响范围过于狭窄。另外，还有很多文化产业园区地处城市偏远地区，仅仅在园区内形成规模，而很难辐射和影响城市经济和生活。

不过，近几年来，城市内部越来越多的文化企业开始形成散落式的分布，一定程度上改善了文化部门对城市经济的促进作用（陶金、罗守贵，2019）。

3.3.3　现实特征问题总结

通过以上的分析，本书发现集聚城市和集聚区这两种文化产业集聚形式，在国外文化产业较发达的国家均得到了良好的发展，并在多个城市形成了有竞争力和特色的产业集聚成果。但在中国，这两类集聚形式并未在城市中得以体现，尤其是集聚城市的规模还有待扩大。而中国的文化集聚区概念则更多体现在各地的文化产业园区中。目前来看，这些园区仍然存在定位模糊、同质化竞争、重复建设以及与城市发展隔离等问题，这暗示了文化集聚中城市及其多样化的潜在作用。

因此，有必要针对国内外文化产业集聚发展的差距，进一步探究文化产业集聚的理论依据：哪些因素决定了文化产业集聚？文化产业集聚带给文化企业和文化就业的益处如何体现？这些问题都需要通过理论分析和实证检验加以回答。

3.4　文化产业空间集聚的理论机制

为了回答上述问题,本节聚焦于探究文化产业集聚的理论依据。制造业的空间集聚理论对于空间集聚的原因及影响因素有着系统阐述。在上述传统地理经济学理论基础上,文化产业集聚可以从中总结出若干原因,但也有自身独特的形成机制和影响因素。因此,结合理论和文化因素,是文化集聚经济实证分析的两大方面,也是本书后续实证分析的逻辑所在。

3.4.1　传统产业集聚理论的启发

从集聚经济的角度出发,传统意义上的产业集聚为企业带来的专业化经济(或称地方化经济)主要为三个方面:劳动力资源池(Labor Pool)、产业链上各种投入要素共享(Input Linkage)以及知识溢出(Knowledge Spillover)。另一个方面的集聚经济是雅各布斯(Jacobs)的城市化经济,尤其是大城市带来的市场需求、规模经济性和产业多样化。

从理论上看,至少在劳动力资源池和知识溢出这两个方面,文化产业集聚能够为文化企业和艺术人员带来好处。具体来说,根据 Scott(1996,1997,2000)的研究,文化企业和人员的集聚至少可以从以下四个方面来验证,并在本书第 5 章中得到了不同程度的实证分析。

(1)艺术与创意人才的聚集,导致文化企业、组织的人力资本投入选择集中扩大,同时存在大量的技术劳动力满足众多中小文化企业的岗位需求,这与专业化经济中的劳动力资源池对应(陶金、罗守贵,2019)。

(2)文化基础设施的共享,例如演出场馆、录音室、演播室等为众多艺术家所重复利用,这与城市化经济的基础设施和规模经济性对应。

(3)前文所述的大量工作室形式的中小文化企业集聚在一起,共用同一种服务(例如同一个录音室可供多个专业或业余的乐手录制音乐),这从需求端而言与(2)相对应,也与城市化经济的基础设施和规模经济性对应。

(4)同一行业或者不同行业的创意人员通过面对面互动,可以有效地分享和传播自己的创意和作品,这种集聚带来了多方面的外部性,这种外部性很大程度上可归结为知识溢出效应。

以上四个方面都可通过集聚获得。第 5 章的实证分析进一步证实以上四种经典的集聚外部性。

3.4.2　文化符号、地方特质和创意环境

如第 2 章 2.3.2 部分所述,文化产业集聚具有较为强烈的文化符号意味和地方特质。文化符号是指文化产业的产出带有很高的美学和符号内容,迎合了消费者娱乐表现和社会认同等方面的需要,反映了现代市场化经济中文化生产愈发商品化的趋势。同时,文化具有强烈的地方特质,不同的地方可以以此区分,空间因素在文化经济过程的组织中更为重要。

另外,文献也注意到,在一些亚等级城市也存在规模较小却更加独立的文化产业集聚。这些文化产业集聚的可持续性依赖于在其他地方不可轻易复制的当地特质(Bassett,2002),往往具有鲜明的地域特色和资源依赖性。而这些资源在很多时候是文化遗产,而非自然资源(Throsby,2001)。基于此,在研究文化产业集聚的过程中,把握不同地域的特质很重要,而固定效应、空间计量等模型能够有效地解决此问题(陶金、罗守贵,2019)。例如,对于中国文化产业集聚,有研究利用动态空间面板模型研究中国城市的文化产业集群指出,人力资本、城市产业结构、通信基础设施建设等城市发展因素对文化产业集群的发展有着显著正相关关系(Ko and Mok,2014)。在本书第 5 章、第 6 章的实证分析中,省份、城市、行业、企业等固定效应以及相关控制变量,进一步控制了集聚经济的影响结果。

值得注意的是,相对于其他文化产业,很多由文化遗产而发展起来的文化产业分布于经济相对不发达的地区。例如,中国西南地区的贵州和云南两个省份,其经济相对并不发达,但他们的民族文化、深厚的历史文化、独特的景观和良好的生态,旅游带动下的民族演艺、会展事业发展前景广阔。例如,观察其文化产业的构成可发现,2012 年贵州包括休闲观光游览服务的"文化休闲娱乐服务"行业增加值,占核心文化产业分类"文化产品的生产"的 37.7%[①]。

---

① 参见贵阳市统计局新闻:http://www.gz.stats.gov.cn/tjsj_35719/tjxx_35728/201712/t20171226_3114133.html。

3.4.3　文化产业集聚的城市偏好

上节内容论述了特色文化产业的分布,很多继承文化遗产的文化产业分布于更小型的城镇。但自文化产业形成以来,特色文化产业的分布就与城市,尤其是大城市紧密联系起来了。Florida(2009)认为,城市与吸引创意阶层的互动是城市发展的重要推动力。

更重要的是,可以轻易地理论推演出城市化经济在文化经济中的重要地位。城市中丰富的其他服务业部门为文化产业提供金融、法律等方面的服务,使发行工作更加有秩序,同时大城市可以为艺术人员提供良好的待遇,提供直接的市场需求,更大的市场使创作成果能够迅速地被更多人了解。因此,文化产业同时存在多样化经济,这种多样化唯有达到一定规模的城市能够带来。

反之亦然,文化及相关的产业也对城市发展过程起着重要作用。花建(2010)认为文化对于城市生活至少存在四种改善作用:①文化相关的基础设施展现了影响城市经济的文化魅力;②城市中的"文化区域"往往会成为启发城市和区域的一种发展模式;③表演艺术产业作为最为典型的文化产业,可能是构成城市经济的重要组成部分,不仅仅在纽约、巴黎、北京、上海等中心城市是这样,即使在范围较小的小城市也如此;④城市所特有的文化特征和习俗,通过提高社会认同和凝聚力,引发对城市发展更广泛的影响。

3.4.4　知识溢出、创新与文化产业集聚

传统产业集聚研究中,知识溢出作用的地位毋庸置疑。而对于各种集聚经济改善创意和文化生产效率的渠道中,知识溢出也是重要的一项。艺术人员之间的交流带来的知识和创意溢出,进而形成的社交网络,是集聚经济发挥作用的重要渠道(Storper and Venables,2004)。文化产业在地域上的集中产生了典型的知识和创意溢出。这种溢出大量出现在文化产业内部,同行业艺术人员之间对于创意的分享和知识的学习常见于众多文化产业中。但通常一定程度上的地理邻近产生了不同细分文化产业和其他服务业之间的互相学习,更好地互相吸收来自其他产业领域的创新(Lazzeretti,Carpone,Boix,2012)。

信息和创意在面对面交流时能够被更有效地传达。由第 2 章 2.3.2 部分的分析可知,显性知识可通过文字、数据编码等形式传播,而缄默知识则隐藏在实

践技能中,须通过面对面交流传播。在通信技术发达的当今,显性知识的传播仅仅需要通信工具,对企业间的空间距离并不敏感,而缄默知识的溢出则非常依赖于面对面接触(Glaeser,1992)。尤其是对于缄默知识而言,知识溢出的重要阻碍源自传播的时滞以及随距离增加而产生的衰减和扭曲(张贺,2017),而产业集聚可以有效地解决这一问题,促进知识的传播,增加学习机会,缓解了知识溢出的空间限制(Feldman and Audretsch,1999)。文化创造中涉及了大量隐性知识的传播,即在大量场景中,产品给消费者带来的满足感主要是通过隐晦的比喻或暗喻来实现的。

不过,在互联网通信技术日新月异的背景下,越来越多的隐性知识能够通过高质量的通信传输得到有效传播。这在一定程度上缓解了距离带来的阻隔,进而扩大了文化产业集聚的地理边界,在更广袤的地理区域内,集聚经济也能够得以体现。这种通信技术本质上的进步也改变了学界对集聚经济地理层级的讨论(Beaudry and Schiffauerova,2009)。基于这些讨论,在本书后续的实证分析中,也可以窥见在更高的地理层级上,文化产业集聚仍然能够得到体现。

3.5　文化产业市场集中的现实特征

3.5.1　全球文化产业市场集中

许多文化经济学家注意到了若干创意产业中厂商的高度集中现象(Hesmondhalgh,2013)。文化产业经历"供养"直至"专业复合体",再到大型文化公司,集中趋势是明确的。以电影、传媒产业为例,自20世纪20年代以来,电影发行大致由5至8家发行商控制。尽管随着每年各自电影发行业绩的变化,单个发行商的市场份额有较大波动,但是这个群体所占的市场份额合计相当稳定,不得不说这样的集中度是足够高的。唱片行业从20世纪70年代以来就成为集中的产业,至今最大的5或6家公司的发货量合计占全球市场的约80%,而且似乎还有进一步集中的趋势。

全球历史上,文化产业的集中趋势并不是平稳的,这种趋势直到20世纪80年代初才开始加速。在20世纪80年代初的经济衰退导致全球范围各产业的兼并潮中,文化产业也出现了大批兼并收购案。到了20世纪80年代后期,这一趋

势并没有趋缓,仅 1986 年一年便发生了 3 300 多起收购案,其中又以美国为盛
(Greco,1995),比较著名的文化产业兼并案例是 1989 年时代生活公司以 149
亿美元的高价收购了华纳集团。到了 20 世纪 90 年代,文化产业迎来了兼并整
合的狂潮。1990—1995 年,媒体集团的并购多达 557 次。1999—2000 年,又引
发了一次收购潮。表 3 - 2 摘录了 20 世纪末的 12 次重大文化产业集团收购。
从并购金额来看,当时的并购规模对比如今有过之而无不及。

表 3 - 2　20 世纪 90 年代全球文化产业大型并购案例

时间	收购者	被收购者	价格 (亿美元)	战略动机
1994	维亚康姆	派拉蒙电影公司	80	形成覆盖出版、电影、广播、有线电视和主题公园的跨产业集团
1994	维亚康姆	百视达	85	控制流通领域
1995	迪士尼	大都市美国广播公司	190	纵向一体化,控制内容创作
1995	时代华纳	特纳广播公司	74	纵向一体化、集团化、协同效应
1995	西格拉姆	MCA(环球)	57	综合集团进军形形色色的传媒领域
1995	西屋电气公司	美国哥伦比亚广播公司	54	综合集团进军广播业
1998	美国电话电报公司	TCI(包括自由媒体集团)	48	电信和媒介整合
1998	西格拉姆	宝丽金	106	唱片市场的份额以及欧洲电影的收益
1999	卡尔盾通信公司	英国联合新闻公司	80	欧洲主要媒体集团的合并
1999	维亚康姆	美国哥伦比亚广播公	220	媒介巨头巩固广播力量

（续表）

时间	收购者	被收购者	价格（亿美元）	战略动机
2000	维旺迪	西格拉姆/环球	35	多样化的欧洲休闲业巨头希望业务更加多元化
2000	美国在线公司	美国在线时代华纳	1280	网络服务提供商与媒介巨头的合并

资料来源：Hesmondhalgh(2013)。

传媒产业并购整合的激增，使得 20 世纪 90 年代末一小群大公司迅速成为全球文化市场的获利者和领导者。随着进一步的合并、收购、股票下跌，或者由于监管机构的接管，这些领导者的位子不断变换。表 3-3 列出了六大文化产业公司的 2000 年收入数据。这六大公司在世界两大文化市场（北美和欧洲）都有卓越的表现。

表 3-3　全球六大文化产业集团的规模

六大文化产业公司	年收入（亿美元）	六大电影制片厂
美国在线时代华纳	362	华纳兄弟公司（Warner Bros.）
迪士尼	254	迪士尼（Disney/Buena Vista）
维亚康姆	234	派拉蒙
维旺迪环球	212	环球（Universal）
贝塔斯曼	191	索尼影业（Sony/Columbia）
新闻集团	138	20 世纪福克斯

资料来源：Hesmondhalgh(2013)。

自 20 世纪以来，传媒业的并购还在继续。新近的案例中，最著名的可能就是 2016 年美国电话电报公司与时代华纳 850 亿美元的合并大案。尽管美国司法部认为该合并案将构成不正当竞争，但联邦法院最终批准了此项并购。美国电话电报公司最终通过时代华纳形成了纵向一体化，拥有了新闻媒体（美国有线电视新闻网 CNN）、内容制作（华纳兄弟、家庭票房电视网 HBO 等）、传播和发行渠道(美国电话电报公司、时代华纳旗下的新线电影等)①。第二个例子是美国传媒公司梅瑞狄斯集团(Meredith Corp)在 2017 年以约 28 亿美元的价格收购杂志出版商时代公司。事实上,这是 2013 年以来该公司尝试的第三次收购。全球只有少数的文化公司规模巨大,但它们同时还在计划通过合并进行规模扩张。到 2020 年初,还有新闻报道中国互联网公司腾讯有意通过股票市场收购迪士尼公司。

根据全球数字调研机构(Results International)发布的全球传媒集团并购报告,仅 2017 年上半年,全球就有 438 起传媒并购案。发展至今,文化娱乐和新闻媒体等领域的集中程度依然在提高,但并不意味着竞争程度必然下降,当前谷歌、脸书以及网飞(Netflix)等"互联网复合型的渠道+内容综合体"已成为传统文化集团的有力竞争者。不过从这些新兴企业群的内部来看,也同样存在着并购和集中现象,文化产业的集中趋势是明确的。

3.5.2 中国文化产业市场集中

中国政府对大型文化企业具有强烈偏好。2009 年,国务院制定了《文化产业振兴规划》②。该规划中与文化企业规模相关的主要政策包括:①实施重大项目带动战略,以文化企业为主体,加快建设一批具有重大示范效应和产业拉动作用的重大文化产业项目,继续推进国产动漫振兴工程、国家数字电影制作基地建设工程等重大文化建设项目,选择一批具备实施条件的重点项目给予支持;②培育骨干文化企业,着力培育一批有实力、有竞争力的骨干文化企业,增强中国文化产业的整体实力和国际竞争力,选择一批成长性好、竞争力强的文化企业或企业集团,加大政策扶持力度,推动跨地区、跨行业联合或重组,尽快壮大企业规模,提高集约化经营水平,促进文化领域资源整合和结构调整,并且鼓励和引导有条件的文化企业面向资本市场融资,培育一批文化领域战略投资者,实现低成本扩张,进一步做大做强。毫无疑问,政府政策无论从产业集中的角度还是从直接培养大企业的角度都存在明显的倾向性(盛浩,2010)。

在政策推进集中的趋势下,2009—2014 年中国文化产业不断扩张的同时,

---

① 时代华纳的业务在 2000 年以来又经历了多次业务和子公司的剥离和重组,例如 2009 年美国在线公司从时代华纳剥离,成为独立上市公司。

② 《文化产业振兴规划》全文请参见:http://www.gov.cn/test/2009-09/28/content_1428549.htm。

文化机构却呈现数量减少的趋势（见图 3-3），产生了文化产业就业不断增长和机构数量收缩的现象。近几年来，文化市场开放导致机构数量增长，但其增速仍稍慢于从业人数的增速。虽然文化体制改革造成的机构整合是原因之一，但从结果来看，中国文化产业市场结构是明显趋向集中的。

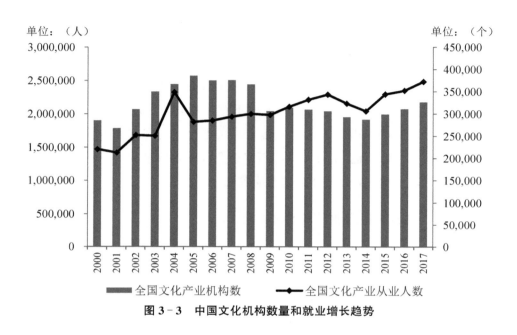

图 3-3   中国文化机构数量和就业增长趋势

3.5.3   现实特征问题总结

通过以上的分析，我们发现了国内外文化产业比较明显的市场集中趋势：其一，全球文化产业的市场结构通过一系列兼并和收购不断地由分散转向集中，到 20 世纪 80 年代达到高潮；其二，虽然中国文化产业发展历史较短，但在政策推动下，其市场结构也在明显集中化。那么，哪些因素在影响文化产业的市场集中？文化企业和就业在集中化进程中获得了哪些收益？与文化产业集聚相同，这些问题都需要通过理论分析和实证检验加以回答。

3.6   文化产业市场集中的理论机制

为了回答上述问题，本节聚焦于探究文化产业市场集中的理论依据。总体而言,文化产业市场集中的分析既可以借鉴产业组织学关于企业规模分布的理论,也应结合文化产业自身的运行规律。

3.6.1　传统部门的市场集中

生产的集中是现代经济增长的基本特征之一,也是产业组织所关注的重要领域。对企业规模分布的研究,不仅可以揭示产业资源配置的结构以及相关特性,又可以为判断该产业的竞争程度和特点提供线索(王小峰,2014)。产业集中和产业中典型企业的利润率关系可以较好地反映一般意义上的大企业经营效率(参见第 2 章 2.5 节)。

经济学家在广泛验证假说的同时,就集中程度与利润率之间的关系展开了理论上的争辩。其中最具代表性的两种不同观点是:①串谋说,即在集中程度较高的条件下,不仅如古诺模型所解释的那样价格成本差率较大,而且集中程度越高,企业之间发生串谋越容易,从而导致集中程度较高产业的利润率也较高,而这一解释也可以从垄断的角度进行类似的分析;②差别效率说,即在一些产业中存在少数高效率企业(低成本或卓越产品),由这种效率优势所致,它们不仅获得了较高的利润率,而且还能获得较大的市场份额,甚至主宰市场,进而导致较高的产业集中度(史东辉,2010)。

3.6.2　文化产业市场集中的原因

文化产业独特的运行规律是市场集中的主要原因。本节以电影业、游戏业和唱片业等文化产业为例,通过揭示其运行规律,总结文化产业市场集中形成的内在逻辑。

1)发行环节的规模经济和沉没成本

关于文化产业集中成因的一个最常见的解释就是规模经济性和产品发行体系的沉没成本。例如在电影业中,发行体系负责新电影的推广,与各个电影院线商谈放映合同,并具体执行每部电影拷贝的配送。有凿实和详尽的证据表明发行体系决定了该产业的市场集中程度(Hesmondhalgh,2013)。这可能也是在文化产业发展历程的讨论中提到的,为什么相比于空间集聚,文化产业并非一开始就集中的原因,即文化产业诞生之初并没有系统的发行体系。但一旦发行体系确立,文化产业便迅速开始集中。同时,放映和制作过程的分离使发行体系得以建立并处于不变的集中状态。

2）艺术产业的两类"矛盾"实体

追溯创意产业市场集中的根源，可以清楚地发现其市场结构两个与众不同的基本特性，即数量激增的差异性创意商品以及发行体系的规模经济性。更重要的是，这两个特性还反映了创意产业的另一个特性：作为出于内在需要的自主创作者，其极具个性的设想与一个大型而又官僚主义的商业组织中的协作要求并不相容，这似乎是非常矛盾的。

典型的创意产业中既有致力于推广和发行的大型企业，也存在着大量专事挑选和培养有前途的艺术家的小型企业，后者的业务需要有和谐的人际关系，同时还能承受发行环节的规模不经济，因为它们的规模相对较小。由宣传和发行的规模经济性所形成的大企业可被称为"推广者"，专职负责评估和培养艺术作品的小企业可被称为"选秀者"。这种分离的好处在于艺术家和官僚可以相互免于烦扰。选秀者与推广者的这种区分广泛存在于电影、电视、首播的电视节目形成的垄断联盟、唱片、艺术画廊和图书出版等产业中。Mezias J M and Mezias S J（2000）基本确定了早期（1912—1929 年）电影产业中产销一体化的全能企业与只经营其中某个阶段业务的专业化企业之间的这种区分。另外，这种区分也存在于那些被公认为集中度不高的创意产业。例如，作为选秀者的画廊通常由个人经营，他们对视觉艺术有着强烈的情感，对视觉艺术创作过程的介入很深，因而他们与艺术家打交道很合拍。推广者倾向于通过提供更大规模、更有效率的推广，代理那些稍有知名度并且能从一家选秀者画廊挖过来的艺术家①。代理古典音乐家的机构也同样可以分成大小两类，其中小型机构主要协助艺术家个人的发展，大型机构则承担为顶尖艺术家安排工作的任务。

3）作品的成本问题

解释不同创意产业组织差异的另一个因素是随着产品产量的变化，"产品质量成本"的变化方式，这有助于理解文化创意产业的规模经济性。如果提升质量的成本是可变成本，那么高质量的成本将进入边际成本，成为它的一部分，那么对不同质量水平收取不同价格的企业很可能会得以生存（即边际成本等于边际收益）。假如提高质量的成本是固定成本，它就不会构成边际成本，那么一个高

---

① 影响这两类企业生存能力的一个重要特性，是选秀者在成功艺术家的作品价格被大规模推广活动抬高之前实现资本收益的能力。

质量产品生产企业会倾向于通过低价销售排挤低质量竞争者。对质量的定价几乎不存在变化的市场，其高度集中的可能性更大；而当质量的成本属于可变成本，那么更多竞争者可以生存，并且一系列不同质量水平的产品会有着不同的价格。在文化和创意产业中，创作作品时的质量成本更多在创作完成后就固定了，很难影响到后续的复制环节。因此，规模经济性导致了大规模生产的企业获得了成本上的优势，并设定更低的价格，排挤中小型企业，最终达到垄断的目的。

Berry and Waldfogel(2010)的研究表明，这种对质量定价的区别存在于两类区域性"创意"产业之间：饭店（质量的成本成为食物边际成本的一部分）和报纸（"小报"和"大报"发生同样的边际印刷成本）。质量成本的固定有助于解释创意产业的许多重要特征，包括"超级明星效应"(Rosen，1981)和美国作为一个供给者在世界电影市场上的主导地位(Wildman and Siwek，1987)，而这些都来自规模经济引致的垄断。

4）多角化策略

创意产业中的大企业通常会从事多种类的经营活动，因而会被贴上类似"娱乐集团"这样的标签。多角化收益的商业模式源自所谓核心创意作品可以通过一系列不同形态的具体表现来生成"租"的说法。例如，小说被出版商看中后，首先以精装本形式发售，紧接着就是平装本，然后又被改编为剧本拍成电影。电影又被"小说化"，把剧本转换为包含电影剧照的图书。电影的配乐以唱片形式出版，一个电视连续剧也可以被理解为一个电影的衍生产品。简要说来，组织这些业务的思路就是：一个每条产品线上都有版权和业务的企业，能够把核心创意投入从一个部门传递到另一个部门，其中每一个步骤都可带来可观收益。管理学将这一节省成本或提高产出效率的现象称为"协同效应"。

创意产业还有一个特性能促进多角化企业的成长，即一些核心创意产品具有公共产品的特性。电影、情景喜剧、流行音乐或唱片一旦被制作出来，可以被反复使用且不发生边际成本，或者只有在把商品转化成另一种形态时，成本才会有少量的增加。不过这个创意商品必须在这些不同的形态中获得租收，以便收回初始投入的固定成本。不论有多少创意商品来竞争某一个给定市场，也不论供给者之间的竞争有多激烈，均衡价格必然超过零边际成本[①]。所有信息类商

---

① 如果创意产品卖者之间的竞争使价格降到平均成本之下，那么只有在一些卖者退出市场后，以致价格能持续不低于平均成本时才会达成均衡。

品的这个特性,为创意内容的提供业务与推广业务之间的垂直一体化创造了动力。以占据美国大型垂直一体化电视网公司迪士尼——美国广播公司为例,若美国广播公司要放映派拉蒙公司的一部电影,其所支付的费用既是它自身的一笔成本,又是派拉蒙公司获得的一笔租收。但若美国广播公司转而播放迪士尼的电影,那么任何付款都只是内部转账。在这样一个垂直分工复杂的寡占产业中,市场封锁(Market Closure)也被认为是必要的竞争策略(Hesmondhalgh,2013)。

这种通过内部化交易以确保不被封锁市场的动机,也同样适合于任何生产信息内容的产业,或者任何其他存在固定成本而无边际成本的商品。在文化产业中,这一动机有着更明显的重要性,因为它具有两个特性:其一,消费者对还未完成商品的评价具有巨大不确定性;其二,市场上充斥着数量众多相似却无法完全替代的产品,如电影、情景喜剧、流行歌曲唱片。

3.7　本章小结

本章的分析表明,无论在中国还是国外,文化产业的空间集聚与市场集中都是客观存在的。以分工和生产效率为视角,本章通过对文化产业集聚和市场集中现实特征的揭示,提供了一条时间线索:文化产业自诞生以来便呈现了非常确切的集聚特点;而随着时间推移,文化生产又逐渐显现出市场集中的特征。

对于文化产业集聚,城市的发展是文化集聚的重要原因:艺术与创意人才在城市聚集,使得文化企业、组织的人力资本投入选择变大;文化基础设施在大城市中能够更有效地被分享;而创意分享和溢出可能是文化产业集聚最重要的驱动因素。文化产业集聚在国外的主要形式是集聚区和集聚城市,但中国以文化产业园区为主导模式,此种模式存在定位模糊、同质化竞争和重复建设、与城市经济社会脱离和隔绝等问题。

对于文化市场集中,发行环节的规模经济和沉没成本以及内容制作环节的高度集权,逐渐产生了以发行环节为出发点,向下游宣发和上游制作的垄断趋势,其根本的原因在于持续扩张的市场需求赋予了内容生产和销售产业化的可能。

综上所述,本章针对文化产业空间集聚和市场集中初步提出了理论依据,但尚需要通过实证检验和具体案例回答以下三个问题：第一，如何合理地衡量空间集聚和市场集中对文化产业的影响；第二，影响文化产业集聚的因素是什么，它们如何促进文化企业和文化就业发展；第三，影响文化产业市场集中的进程中，文化企业和就业获得了何种收益。这些问题将在第 4—7 章予以回答。

第 **4** 章 文化产业生产率分析

本章聚焦文化产业生产率的理论和实证分析。与第 3 章类似,本章旨在为后续的实证分析提供理论基础,并通过对文化企业生产率的估计,得出实证模型的主要被解释变量。本章主要包括三个部分:第 1 部分为 4.1 节,通过对艺术家等文化产业人员的目标函数的设定,推导现代文化市场情境下文化产业生产与传统生产函数的一致性;第 2 部分包括 4.2 节和 4.3 节,介绍本书的数据来源和文化产业分类情况,利用一致性方法估计文化企业生产率,分析不同文化产业、不同地区之间的生产函数特征和生产率水平的差别;第 3 部分为本章小结。

4.1 文化生产与传统生产融合的理论模型

本节要回答的问题是,在企业利润最大化的假定下,新古典经济学的框架是否可以系统地研究文化产业? 相关的研究方法是否会太过注重"产业"而忽略"文化"? 这些问题都可能导致传统制造业的结论并不一定适用于文化产业。

首先,文化和艺术商品的供给者中有很大比例是艺术家和创意阶层,其供给很大程度上不受经济因素影响,很多种文化商品的供给呈现出与一般物质产品不同的稀缺性。因此,规模经济性在艺术品、工艺品、表演艺术等领域似乎并不明显,很多作品的形成只能由个人创作完成,艺术家所属企业的资产规模和市场份额对于艺术家的创作不会产生直接影响。其次,在需求方面,"理性上瘾"等因素影响消费者对商品的选择,消费者个体对产品内容的重视也是一般产品所罕见的;文化商品的公共物品性质也影响着包括政策在内的各种因素,企业的供给不足,政府会提供剩余的文化商品供给。因此,我们认为有必要在理论层面对上述问题加以回答。

4.1.1　文化生产的模型假设

在制造业中,几乎所有厂商及其劳动和资本等投入要素都以金钱收入所能衡量的利益最大化来组织生产。而对于艺术部门,情况可能并非如此。艺术家会追求艺术上的自身满足和同行的认同感,而不是最广大消费者的认同感,金钱可能不是最重要的需求,因而艺术人群在某些情况下表现出"非理性"的特征。但是,从初期的艺术部门到现在的创意产业,艺术人员在这个世界上的生存问题是避不开的基本问题。经济收益(收入)在任何时候都影响着任何艺术家。基于这一考虑,本节基于 Throsby(2014)关于文化生产价值的简单模型,推导出文化产业生产与传统生产过程的一致性。

将收入变量引入艺术创意的生产模型中,有三种假设:

第一,把收入作为最低约束条件,即艺术家的收入要满足其生存的需要(make ends meet)。在这个假设下,艺术家拥有强烈的艺术追求,但也必须从事一些他们不愿意做的工作,或完成一些违背其艺术表达诉求的艺术作品。这种模型假设广泛适用于所谓非商业性剧院,例如古典音乐、歌剧、爵士乐以及诗歌等领域。

第二,把收入作为联合优化目标,即艺术家们物质产品有了对更大的需求。为了获得更多的收入和财富,他们更迎合市场,努力为更多的消费者服务。尽管如此,这些艺术家仍然具有强烈的艺术创作的动机,并渴望自己的创作得到同行的认可。这种模型假设适用于小说创作、歌舞剧、电影制作和绝大多数的流行音乐,以及一些视觉艺术和手工艺品。

第三,把收入作为唯一的目标。尽管通常情况下,艺术家在生产的时候会追求艺术创造,但市场上有些艺术家及其文化生产活动仅仅将收入作为唯一目标。虽然仍可以假定他们从事的是文化产品的生产工作,但他们唯一的目的是收入或利润,而非作品的文化价值。这一模型假设适用于某些民间艺术和观光行业、一些手工艺品、大量的电影、商业性电视节目、少数流行音乐,以及那些属于外围层文化产业的大部分领域,例如报纸杂志、广告和大部分建筑设计等。

4.1.2　文化生产的模型设立

基于上述分析,可初步建立一个艺术生产模型,其包含了价值、收入和生产效率。假定艺术家能够生产两种艺术作品:商业导向的和非商业导向的。商业导向的艺术作品同时产生经济价值和文化价值,而非商业导向的作品主要产生文化价值。在此也假定经济价值和文化价值都可以由量化的变量来衡量。

模型中,存在两个目标函数:艺术家的效用和收入。艺术家的偏好(效用函数形式)决定了其行为,而其行为又在事实上决定其收入。两者之间的关系将决定文化生产和传统生产的融合问题,即艺术家能否兼顾文化价值和经济价值。艺术家的效用由其价值取向(对文化价值或经济价值的偏好)决定,而其收入则主要由其产生的经济价值决定。由此,艺术家的效用和收入并不必然呈正向关系。

设定艺术家的效用函数 U,该函数是经济价值和文化价值的函数。按照艺术价值从高到低,决策变量是分配给"非商业性艺术工作""商业性艺术工作"和"非艺术工作"的劳动时间量。这些劳动时间投入的总和受到工作时间的限制。艺术家的收入由劳动收入和非劳动收入两部分组成。劳动收入是产生经济价值的函数,非劳动收入是外生的。如果非劳动收入足够大,第一种模型假设中的最小收入约束就不再对决策变量起任何作用。

让 V_c =产生的文化价值;V_e =经济价值;L_b =艺术家从事商业导向艺术工作的劳动时间,以小时计量;L_{nb} =艺术家从事非商业导向艺术工作的劳动时间(即纯粹艺术导向的劳动时间),以小时计量;L_n =艺术家的非艺术劳动时间。

H =艺术家工作时间(扣除闲暇后的时间)。

Y =艺术家的总收入;Y_l =劳动收入;Y_{nl} =非劳动收入。

艺术家的总收入包括所有类型的劳动带来的收入,因而有:

$$Y = Y_{nl} + Y_l(V_e) \tag{4-1}$$

$$\frac{\partial Y_l}{\partial V_e} > 0 \tag{4-2}$$

即,总收入等于非劳动收入加上所产生经济价值(而非艺术价值)评估决定的劳动收入。

另外,$Y_{\min}$ =最低收入水平的约束。根据收入的最低约束条件,有 $Y \geqslant Y_{\min}$。当然,若 $Y_{nl} \geqslant Y_{\min}$,就没有必要考虑 $Y_{\min}$ 的影响。

4.1.3 艺术家的最大化问题

基于上述假设和模型设定,艺术家的决策问题为:

$$\max U = U(w\, V_c, (1-w)V_e) \quad 0 \leqslant w \leqslant 1 \qquad (4-3)$$

其中,w 是一个权重,w 越大,艺术家就越注重文化价值的生产,越忽视其作品的经济价值,而根据艺术家的天性,w 是外生的。

有:

$$V_c = V_c(L_b, L_{nb}) \qquad (4-4)$$

$$V_e = V_e(L_b, L_{nb}, L_n) \qquad (4-5)$$

且因式(4-1)和式(4-2),有:

$$Y = Y_{nl} + Y_l(L_{nb}, L_b, L_n) \qquad (4-6)$$

值得注意的是,L_{nb}、L_b、L_n 均有可能为零,这取决于艺术家对文化价值和经济价值的偏好。函数 V_c 和 V_e 对于各类劳动时间变量是单调不减的,即任何类别劳动时间的增加,至少不会导致文化价值或经济价值的减少。综上,艺术家决策问题变为:

$$\max U = U[w\, V_c(L_{nb}, L_b), (1-w)V_e(L_{nb}, L_b, L_n)] \qquad (4-7)$$
$$\text{s.t.}\, L_b + L_{nb} + L_n \leqslant H, Y = Y_{nl} + Y_l(L_{nb}, L_b, L_n) \geqslant Y_{\min}$$

即艺术家所生产的文化价值由商业导向劳动和非商业导向劳动同时决定。经济价值则由商业、非商业导向劳动以及非艺术劳动共同决定。

并且有:

$$\frac{\partial V_c}{\partial L_{nb}} > \frac{\partial V_c}{\partial L_b} \geqslant 0 \qquad (4-8)$$

即非商业导向艺术工作的时间对创造文化价值的作用更大,文化价值的创造更依赖于艺术家花费更多的时间在非商业导向艺术工作上。商业导向艺术工作时间对文化价值的创造作用较小,并且有可能为零。

同时有:

$$\frac{\partial V_e}{\partial L_n} > \frac{\partial V_e}{\partial L_b} > \frac{\partial V_e}{\partial L_{nb}} \geqslant 0 \qquad (4-9)$$

即,非艺术工作、纯粹商业工作时间对经济价值创造的作用最大,商业导向艺术工作时间对经济价值的作用次之,非商业导向艺术工作时间对经济价值的创造作用最小,并且有可能为零。

4.1.4　均衡条件

本节讨论在艺术家价值取向、效用函数形式等不同的假设下,艺术家的生产函数是如何与文化产业生产相结合的。由此,本节需要证明的是在多种情况下,艺术家效用最大化问题的均衡条件满足$L_b>0$,或$L_n>0$,或$L_{nb}<H$,则意味着艺术家的投入可直接由经济价值所决定。

事实上,通过下文的分析可知,即使艺术家将全部劳动时间投入非商业导向的艺术工作中(即$L_{nb}=H$),仍能产生一定的经济价值。综上讨论,在多种假设下,艺术家的文化价值取向都可与现代产业化文化生产相融合。

1)极端情况

在$w=1$(艺术家只关心文化价值的生产)和$w=0$(艺术家只关心经济价值的生产)时,根据式(4-7)和式(4-8)中的不等式关系,均衡条件分别可能为:

$$L_{nb}=H,L_b=0,L_n=0,当w=1 \qquad (4-10)$$

$$L_{nb}=0,L_b=0,L_n=H,当w=0 \qquad (4-11)$$

或为:

$$L_{nb}>L_b,L_n=0,当w=1 \qquad (4-12)$$

$$L_n>L_b>L_{nb},当w=0 \qquad (4-13)$$

到底是以上哪一种形式,取决于V_c和V_e的函数形式是否为线性。极端情况下,即V_c和V_e均为线性,根据艺术家的价值取向,均衡条件有以下两种情况:

(1)当$w=1$时,均衡条件为式(4-10)所示。即$L_{nb}=H$,注重艺术价值的艺术家会将全部时间投入非商业导向的劳动。艺术家的效用仅与V_c有关,与V_e无关。但由于V_e也可由L_b和L_{nb}决定,因此,即使艺术家只关注文化价值,也可以产生一定的经济价值V_e,这并不改变其效用。此时,艺术家的总收入$Y=Y_{nl}+Y_l(0,H,0)$。若$\dfrac{\partial V_e}{\partial L_{nb}}=0$,则艺术家的收入达到了最小值$Y=Y_{nl}$。

(2)当$w=0$时,均衡条件为式(4-11)所示。即$L_n=H$,注重经济价值的艺术家会将全部时间投入非艺术劳动。此时,艺术家的总收入$Y=Y_{nl}+Y_l(V_e)=Y_{nl}+Y_l(0,0,H)$,艺术人员的效用为$U[V_e(H)]$,即其行为仅由经济价值所驱动,其收入$Y$也达到最大值。

若V_c和V_e均为非线性,则暗示着商业导向的艺术劳动也在一定程度上决定了文化价值。当$w=1$时,艺术家效用函数$U=U[V_c(L_{nb},L_b)]$,此时最大化U的最优解为内点解。

举例来说,假设文化价值函数的形式为$V_c(L_{nb},L_b)=L_b{}^2\times L_{nb}$,则艺术家效用函数为[①]：

$$U=U(L_b{}^2 \times L_{nb}) \quad\quad (4-14)$$

$$L_b+L_{nb}=H \quad\quad (4-15)$$

由于效用函数的单调性，最优解为 $L_b=\dfrac{2}{3}H$，$L_{nb}=\dfrac{1}{3}H$，显然有 $L_b>0$。同理可推，当 $w=0$ 时，艺术家效用函数 $U=U[V_e(L_{nb},L_b,L_n)]$。由于 V_e 为非线性，因此也存在内点解，即 L_b、L_{nb}、L_n 均大于零。由此可知，在极端情况下，均衡条件均可满足 $L_b>0$ 或 $L_n>0$。

另外，若 V_c 为线性，V_e 为非线性，极端情况下的讨论如下：当 $w=1$ 时，由式 (4-8) 可得，$L_b=0$，$L_{nb}=H$。此时，艺术家将所有时间投入非商业导向艺术劳动中，对应的收入为 $Y=Y_{nl}+Y_l(V_e)=Y_{nl}+Y_l(H,0,0)$。当 $w=0$ 时，$U=U[V_e(L_{nb},L_b,L_n)]$，均衡条件则与式 (4-15) 的条件类似，为内点解，即 L_{nb}、L_b、L_n 均大于零。对应的收入为 $Y=Y_{nl}+Y_l(V_e)=Y_{nl}+Y_l(L_{nb},L_b,L_n)$。若 V_c 为非线性，V_e 为线性，当 $w=1$ 时，有 $L_{nb}>L_b$，$L_n=0$；当 $w=0$ 时，有 $L_n=H$。

2）中间形式

大多数情况下，艺术家必须兼顾文化价值和经济价值的生产，即中间情形（$0<w<1$）。因此，艺术家的行为同时取决于 V_c 和 V_e，且 V_c 和 V_e 均大于零。而当 $V_e>0$ 时，收入函数由经济价值决定。

此时，均衡条件同样取决于 V_c 和 V_e 的函数形式以及效用函数的形式。具体而言，当 V_c 和 V_e 均为线性时，不同的效用函数形式可能导致极端情况的出现：若效用函数为线性，根据不同类型的劳动对于 V_c 和 V_e 的贡献程度不同，L_b、L_{nb}、L_n 均有可能等于 H。若效用函数中 V_c 的偏导 $\dfrac{\partial U}{\partial V_c}$ 始终更大，则 $L_{nb}=H$。其他情况下，L_{nb} 均小于 H。

当 V_c 和 V_e 为非线性时，关于函数形式导致的均衡条件的讨论较为复杂。但若满足 $L_{nb}=H$，则要求效用函数以及 V_c 和 V_e 函数形式至少满足以下条件：首先，$\dfrac{\partial U}{\partial V_c}>\dfrac{\partial U}{\partial V_e}$；其次，效用函数形式为线性。在其他情况下，$L_{nb}<H$。

---

① 此例中，需假设 $H<2$，如此才能满足式 (4-8)。该假设并不妨碍文化生产模型的一般性。

3）关于各类劳动时间的命题

总结而言，在假设艺术家的效用函数为非线性的情况下，可得到以下命题：

（1）若V_c和V_e均为线性。

当$w=1,L_{nb}=H$时，收入函数与经济价值的联系最小，艺术家的收入为最小值；当$w=0,L_n=H$时，收入函数与经济价值联系最大；当$0<w<1$，存在内点解，此时收入函数至少部分取决于经济价值。

（2）若V_c和V_e均为非线性。

当$w=1,L_{nb}>L_b,L_n=0$，此时收入函数与经济价值联系较小；当$w=0$，$L_n>L_b>L_{nb}$，此时收入函数与经济价值联系较大；当$0<w<1$，存在内点解，此时收入函数至少部分取决于经济价值。

（3）若V_c为线性且V_e为非线性。

当$w=1,L_b=0,L_{nb}=H$，此时收入函数与经济价值的联系最小，艺术家的收入为最小值；当$w=0,L_n>L_b>L_{nb}$，此时收入函数与经济价值联系较大；当$0<w<1$，存在内点解，此时收入函数至少部分取决于经济价值。

（4）若V_c为非线性且V_e为线性。

当$w=1,L_{nb}>L_b,L_n=0$，此时收入函数与经济价值联系较小；当$w=0$，$L_n=H$，此时收入函数与经济价值联系最大；当$0<w<1$，存在内点解，此时收入函数至少部分取决于经济价值。

综上所述，对于不同的艺术家偏好假设、艺术家效用函数形式、文化价值或经济价值的函数形式，仅在少数情况下（具体而言，在两种情况下），均衡条件为$L_{nb}=H$（即艺术家完全投入非商业导向的艺术工作中）。

4.1.5　文化生产与传统生产函数的融合

进一步地，从文化组织或企业的视角出发，探索艺术生产函数，必须结合艺术家效用函数，而效用函数很可能是中间情形，而且文化生产越产业化，w越接近于零，文化企业的经典生产函数形式也就越接近现实。这允许本节针对文化企业的生产函数建立新古典主义经济学的假设。

最终能够形成文化产业的生产函数$Y_{firm}=Y_{firm}(L,K)$。其中Y_{firm}为文化企业的收益，并等价于艺术家所创造的经济价值V_e；K为文化企业投入的资本；L是文化企业的"综合人力资本贡献"，即$L=L(L_{nb},L_b,L_n)$。在多数情况下，

L_{nb}、L_b、L_n 均大于零,进而使得艺术生产函数接近传统生产函数。由此,在产业化的背景下,艺术家的劳动时间 H 再结合现代文化设备等资本要素 K,可以形成现代文化产业的生产函数。当然,这里的劳动要素更加具有艺术生产的弹性,受艺术家个人特质的影响相对更大。

4.2　数据来源和文化产业分类

本章及后文的实证分析中,所用的企业层面数据均来源于国务院国有资产监督管理委员会、中央文化企业国有资产监督领导小组办公室以及各地方国资委等政府部门的全国调查统计[①]。该调查统计涵盖了全国全部(中央和地方)国有文化企业 2012 年、2013 年、2014 年的企业发展与经营情况。调查数据全部来自企业的 2012 年、2013 年和 2014 年的年度财报。由于部分企业的部分数据缺失,为了保证科学性,剔除了这些样本。本节的样本包含了 10 874 个观测值,共6 278 家企业。

为了进一步描述文化企业的生产率,识别不同类别文化产业生产率水平的差别,需要对文化产业的分类进行具体说明。2004 年,国家统计局将"文化产业"定义为"为大众和其他相关产业提供文化娱乐产品和服务的经济活动"。同时,根据 2004 年中国文化及相关产业的分类,文化产业根据业务特点和功能可分为以下三层:

(1)核心层(①新闻出版发行服务、②广播电视电影服务、③文化艺术服务);

(2)外围层(④文化信息传输服务、⑤文化创意和设计服务、⑥文化休闲娱乐服务);

(3)相关层(⑦工艺美术品生产、⑧文化产品生产的辅助生产、⑨文化用品的生产、⑩文化专用设备的生产)。

虽然由于产业融合等原因,2012 年统计局重新分类时不再采用这一分类方式,但这一分类仍反映了不同细分产业在生产和发行等方面的运行模式差别。另外,本节还给出了文化产业的四位数产业分类(见表 4 - 1)。

---

① 该调查统计主要是为了编制《国有文化企业发展报告》(2017 年后更名为《国有文化企业改革发展报告》)。本书作者是报告编制的课题组成员。由于国资委不再向课题组提供国有文化企业的经营数据,而是仅提供细分文化产业的汇总数据,因此本书仅获得了 2012 年、2013 年、2014 年的企业层面数据。

表 4 - 1 　文化产业分类情况

层级	产业类别	细分产业类别	国民经济行业代码 （GB/T 4754—2011）
核心层	1. 新闻出版发行服务	新闻服务	8510
		出版服务	8521；8522；8523；8524；8525；8529
		发行服务	5143；5144；5145；5243；5244
	2. 广播、电视、电影服务	广播电视服务	8610；8620
		电影制作与发行	8630；8640；8650；8660
	3. 文化艺术服务	文艺创作与表演	8710；8720
		图书馆与档案馆服务	8731；8732
		文化遗产保护服务	8740；8750；8760
		文化研究与文化社团服务	7350；9421
		文化培训	8293；8299
外围层	4. 文化信息传输服务	互联网信息服务	6420
		电信增值服务	6319
		广播、电视传输	6321；6322；6330
	5. 文化创意和设计服务	广告业	7240
		文化软件服务	6510；6591
		建筑设计	7482
		专业设计	7491
	6. 文化休闲娱乐服务	景区游览服务	7851；7852；7712；7713
		娱乐服务	8911；8912；8913；8919；8920
		摄影扩印服务	7492
相关层	7. 工艺美术品生产	手工艺品制造	2431—2439
		陶艺制作	3079
		手工艺品销售	5146；5245；5246
	8. 文化产品生产的辅助生产	版权服务	7250
		印刷复制	2311；2312；2319；2320；2330
		文化经纪与代理	8941；8949
		文化贸易代理和拍卖服务	5181；5182
		出租服务	7121；7122；7123
		展览服务	7292；7299

（续表）

层级	产业类别	细分产业类别	国民经济行业代码 （GB/T 4754—2011）
相关层	9. 文化用品的生产	办公用品制造	2411；2412；2414
		乐器制造	2421；2422；2423；2429
		玩具制造	2450
		娱乐设备制造	2461；2462；2469
		音像设备	3951；3952；3953
		烟花、鞭炮制造	2672
		票据用纸制造	2221；2222
		油墨及类似产品制造	2642；2643；2664
		文化相关产品销售	5141；5241；5247；5248；5137；5271
	10. 文化专用设备的生产	印刷专用设备制造	3542
		广播电视专用配件制造	3931；3932；3939；3471
		专用设备销售	5178；5176

4.3　文化企业的生产率估计

4.3.1　运用 OP 等方法估计 TFP

生产率（TFP）通常由生产函数的估计而得到。而生产函数的形式通常假设为柯布-道格拉斯（Cobb-Douglas）函数（对数线性形式）[1]，并通过最小二乘法（Ordinary Least Squares，OLS）来估计劳动和资本的系数。但应用 OLS 方法估计生产函数会遇到同时性（Simultaneity）和选择性偏差（Selection Biases）等

---

[1] 内生增长理论将研发、技术进步甚至教育等因素考虑为内生能量，确实在一定程度上比新古典增长模型更能够实现对创意的衡量，但这也仅仅是针对创意的衡量。也就是说，过度模型中对创意的真实衡量有可能带来全要素生产率估计的偏差，因为本书无法穷举除了文化产业创意以外的其他内生变量（缺乏相关数据是一个重要原因）。因此，本书考虑利用新古典增长模型，将文化创意、文化市场发展、中国文化体制改革导致的制度变迁等影响生产率的因素归为一体，集中通过回归模型衡量集聚和集中对效率因素的总体影响，这是在现有研究条件下的最优选择了。

问题,导致参数的估计出现偏离现象。Olley 和 Pakes(1996)创建了一种半参数的估计方法,有效地控制了这些偏差问题[①](后文简称 OP),从而带来了对生产率的更加合理的一致性估计。对数线性形式的生产函数如下:

$$y_{it} = \alpha\, l_{it} + \beta k_{it} + u_{it} \tag{4-16}$$

$$u_{it} = w_{it} + \eta_{it} \tag{4-17}$$

i 和 t 分别表示企业和年份。变量 y_{it}、l_{it} 和 k_{it} 分别表示对数形式的增加值、劳动和资本。残差项由 w_{it} 和 η_{it} 构成。w_{it} 是企业观测到的、外界无法观测的生产率波动;η_{it} 是纯粹的误差项,任何人无法观测。OP 假设 $u_{it} = w_{it}$ 以外生的马尔科夫过程进行演变:

$$E[w_{it} | w_{it-1}, \Omega_{it}] = g(w_{it-1}) + \xi_{it} \tag{4-18}$$

其中 Ω_{it} 代表企业 i 和时间 t 的信息集,ξ_{it} 是独立同分布的随机变量。OP 假设企业的投资决策 I_{it} 由生产率波动 w_{it} 和资本 k_{it} 决定,即 $I_{it} = I(w_{it}, k_{it})$。同时假定投资随 k_{it} 增加而严格递增,进而有 $w_{it} = I^{-1}(I_{it}, K_{it}) = h(I_{it}, K_{it})$。OP 发展出一个控制函数的方法,将 $h(I_{it}, K_{it})$ 代入生产函数,以替代观测不到的生产率波动:

$$y_{it} = a + \alpha\, l_{it} + \Phi(I_{it}, K_{it}) + e_{it} \tag{4-19}$$

控制函数 $\Phi(I_{it}, K_{it}) = \beta K_{it} + h(I_{it}, K_{it})$ 捕捉到了观测不到的生产率,进而纠正了劳动投入要素的内生性。

本节根据 OP 提出的两步骤分析法计算出 TFP。首先,根据方程(4-16),对对数形式的企业增加值进行回归,方程右边是投资 I_{it} 和资本 K_{it} 的多项式,该多项式用以估计 $h(I_{it}, K_{it})$,进而估计出 $y_{it} - \alpha\, l_{it}$ 的值以及 $\Phi(I_{it}, K_{it})$ 的函数形式。其次,本节对以下方程进行非线性最小方差估计:

$$y_{it} - \alpha\, l_{it} = a + \beta k_{it} + \rho_1(\Phi_{it-1} - \beta k_{it-1}) + \rho_2(\Phi_{it-1} - \beta k_{it-1})^2 + \xi_{it} + e_{it}$$

$$\tag{4-20}$$

---

① 以下简称 OP。由于本书样本中的国有文化企业很少存在退出现象,因此本书应用的 OP 方法忽略了对企业退出问题的处理。本书采用了 OP 方法,并未采用 Levinsohn and Petrin(2003,以下简称 LP)、Ackerberg, Caves and Frazer(2006,以下简称 ACF)等其他方法。相对于 OP, LP、ACF(尤其是 LP)依赖生产过程的中间投入等变量才能进行合理估计,但本书的数据库并不具备这些变量,更重要的是,在典型的文化产业中,并不存在明显的中间品投入(尤其是中间物料投入),因而用 LP 等估计方法并不适用于文化产业生产函数的估计。同时,OP 在衡量文化企业的投资决策时,能够较好地契合现实情况,从 OP 估计结果与 OLS 估计结果的比较分析中,也可发现使用 OP 方法估计的优势确实十分明显。

最后估计出 α 和 β,便可以计算出企业层面的 TFP_{it},即 $TFP_{it} = y_{it} - \alpha l_{it} - \beta k_{it}$。

本节分别采用 OLS、固定效应模型、系统 GMM(Generalized Method of Moments)以及 OP 方法估计 TFP(结果见表 4-2),同时对核心层、外围层、相关层三个产业类别的产业分别进行估计,以更准确地揭示不同产业的真实生产率水平(见表 4-2 第 5、6、7 列)。我们注意到,OP 方法得出的劳动系数低于 OLS 模型,这验证了 OLS 估计产生的参数偏离现象。

在回归模型中,劳动和资本分别由文化企业员工人数和净资产来衡量,投资由净资产的变化值加上折旧而得。回归结果显示,劳动变量的参数(即劳动产出弹性,代表劳动要素的产出份额)达到了 0.851,资本的参数(资本产出弹性,代表资本要素的产出份额)为 0.185。首先,这表明样本企业具有接近规模报酬不变生产函数。其次,核心层文化产业中的企业劳动产出弹性高达 0.948,高于很多制造业中的劳动产出弹性,表明劳动或者人力资本在文化产业生产过程中的核心作用(见图 4-1)。

表 4-2　OP 方法与 OLS、固定效应模型以及系统 GMM 的比较

解释变量	OLS	固定效应	系统 GMM	OP	核心层	外围层	相关层
	[1]	[2]	[3]	[4]	[5]	[6]	[7]
L	0.883***	0.412***	0.670***	0.851***	0.948***	0.804***	0.757***
	(0.010)	(0.019)	(0.056)	(0.010)	(0.015)	(0.030)	(0.016)
K	0.138***	0.126***	0.672***	0.185***	0.109***	0.153***	0.150***
	(0.006)	(0.013)	(0.036)	(0.023)	(0.018)	(0.038)	(0.035)
$Constant$	2.052***	3.842***					
	(0.030)	(0.095)					
样本	10 874	10 874	10 874	7 254	4 090	770	3 552
R-squared	0.66	0.88		0.89	0.74	0.91	0.91

注:标准误在括号中,*** $p < 0.01$。

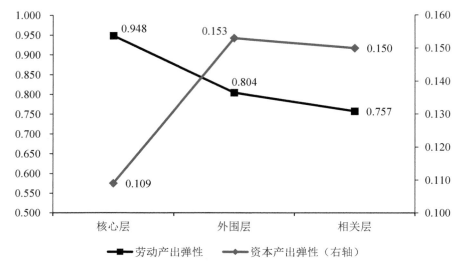

图4-1 核心层、外围层和相关层企业的劳动和资本产出弹性

本节进一步按照2.1.1节中的中国文化产业分类，将样本企业分为11类细分的文化产业类别，估计细分文化产业的生产函数，得到表4-3的结果。新闻出版发行服务、广播电视电影服务、文化艺术服务这三个核心层文化产业中的企业劳动产出弹性明显高于其他产业类别，表明这些文化产业中的人力资本因素更重要（见图4-2）。

表4-3 11类文化产业的企业TFP

解释变量	OP	①	②	③	④	⑤
$\ln L$	0.821***	0.893***	0.784***	0.814***	0.678***	0.822***
	(0.013)	(0.021)	(0.047)	(0.059)	(0.091)	(0.039)
$\ln K$	0.269***	0.308***	0.597***	0.537***	0.278***	0.392***
	(0.003)	(0.058)	(0.199)	(0.175)	(0.023)	(0.143)
Constant		2.347	2.150***	2.362***	2.801***	2.799***
		(0.088)	(0.280)	(0.240)	(0.980)	(0.171)
样本	3514	2560	1020	428	128	468
R-squared	0.89	0.72	0.51	0.49	0.73	0.76

（续表）

解释变量	⑥	⑦	⑧	⑨	⑩	其他
lnL	0.680***	1.029***	0.625***	0.740***	0.635***	0.698***
	(0.078)	(0.096)	(0.040)	(0.061)	(0.140)	(0.029)
lnK	0.182*	0.216**	0.384***	0.485*	−0.218	0.173*
	(0.162)	(0.099)	(0.095)	(0.259)	(0.509)	(0.098)
Constant	2.315***	2.916***	2.800***	2.380***	2.049**	2.272***
	(0.582)	(0.530)	(0.240)	(0.341)	(0.852)	(0.150)
样本	208	98	904	186	82	946
R-squared	0.72	0.70	0.70	0.80	0.60	0.68

注：1. 标准误在括号中，*** $p<0.01$，** $p<0.05$，* $p<0.1$。

2. ①～⑩和"其他"指文化产业的11个细分产业。

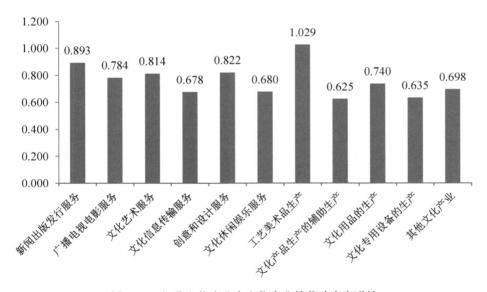

图 4-2　细分文化产业中文化企业的劳动产出弹性

4.3.2　文化企业 TFP 的描述

样本中的文化企业生产率呈现经典的正态分布，从侧面验证了 OP 方法的有效性(见图 4-3)。同时,图 4-3 也表明文化企业的 TFP 分布较为集中,这说明中国的文化企业效率水平比较平均。

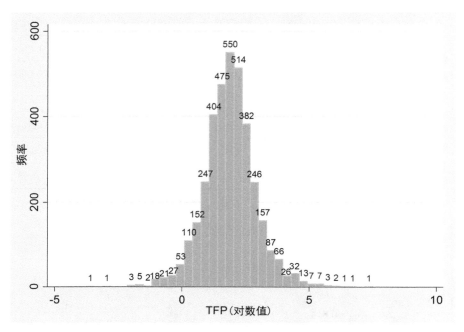

图 4-3 文化企业生产率的分布

在表 4-4 中,文化产业核心层(新闻出版发行服务、广播电视电影服务和文化艺术服务)在企业生产效率方面的表现较差,这可能在一定程度上与表演艺术产业中的"成本疾病"现象有着较紧密的关联,即涉及更多创意或内容创作的细分文化产业的生产率水平相对更低。

另外,图 4-4 也显示了核心层的文化企业 TFP 水平显著低于另外两个产业层级的文化企业,反映了核心层文化产业更加劳动密集,从而进一步体现了文化艺术部门中"成本疾病"存在的可能性。对此,第 5 章将对这种现象展开进一步的实证分析。

从区域上来看,上海、北京和广东等地的文化企业生产率水平相对较高,分列全国前三位(见表 4-4)。生产率排名靠前的地级市也大多为经济较发达或具有较多文化资源的地区,例如亳州市、三亚市、张家界市等。

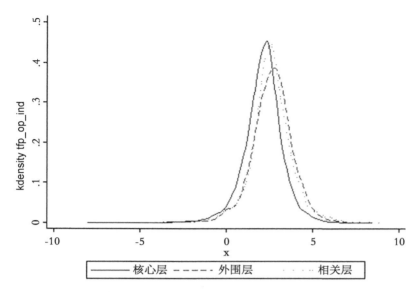

图 4 - 4　核心层、外围层和相关层的文化企业 TFP 分布情况

表 4 - 4　不同地区、不同产业的文化企业 TFP 中位数排名

产业类别	TFP 中位数	省份	TFP 中位数	地级市	TFP 中位数	地级市	TFP 中位数
工艺美术品生产	2.444	上海市	1.881	亳州市	3.815	宿州市	2.790
文化创意和设计服务	2.195	北京市	1.842	三亚市	3.484	广州市	2.766
新闻出版发行服务	1.588	广东省	1.592	张家界市	3.163	上海市	2.716
其他	1.546	陕西省	1.571	泸州市	3.086	南昌市	2.706
文化用品的生产	1.435	江苏省	1.546	深圳市	3.012	蚌埠市	2.647
文化艺术服务	1.376	浙江省	1.542	铜仁市	2.950	朔州市	2.631
文化信息传输服务	1.347	重庆市	1.476	苏州市	2.943	宜宾市	2.617
文化专用设备的生产	1.323	福建省	1.448	滁州市	2.916	杭州市	2.611

（续表）

产业类别	TFP中位数	省份	TFP中位数	地级市	TFP中位数	地级市	TFP中位数
文化产品生产的辅助生产	1.117	安徽省	1.437	淮安市	2.864	绵阳市	2.593
文化休闲娱乐服务	0.851	贵州省	1.384	阜阳市	2.834	北京市	2.586
广播电视电影服务	0.807	云南省	1.378	金华市	2.829	厦门市	2.543

注:北京市、上海市等直辖市在与地级市比较时剔除了部分非城区文化企业样本。

另外,生产率水平较高的文化企业多集中在华东地区和京津地区。在西部地区,由陕西省主要地级市延伸至四川和重庆相关地区形成了一条文化企业高生产率地带。这样的结果既反映了中国有关地区总体上的经济发展和企业经营效率差异,也体现了文化产业的特殊性,即经济发展水平并非影响文化企业生产率的唯一因素(陶金、罗守贵,2019)。

4.3.3　衡量生产率或产出的其他方法

除了 TFP,本书还衡量了文化企业其他形式的产出。这是因为,TFP 在文化产业的生产函数中,并非清晰地反映了所谓的文化资本或创意。

值得强调的是,应用生产率作为集聚经济效应的衡量方式既有优点,也有缺点。首先,应用 TFP 的衡量方式的优势在于它体现了一定劳动和资本投入下的增加值输出。尤其是企业层面的 TFP 反映了一个企业的管理能力、人力资本和产品(作品)创新(钱晓烨等,2010)。对于文化企业,这很大程度上体现了宣发作品和控制成本的能力,以及让更广大消费者接受其作品创意和创新的能力。另外,TFP 也被广泛应用于转型经济体中的国有企业(参见 Brown,Earle,Telegdy,2006;Hsieh and Song,2015)。

但是,以 TFP 为代表的生产率也存在缺点。促使本书寻找其他方法的主要原因在于国有企业样本偏差带来的两种生产率扭曲。

第一,样本中的国有企业似乎更容易获得更便宜的资本要素。例如,Song,

Storesletten，Zilibotti(2011)发现中国国有企业的生产效率相对更低，却更容易存活下来，因为它们能够更容易获得国有银行更便宜的融资服务，因国有企业在国民经济中的特殊位置，国有银行视国有企业是相比于民营企业更优质的资产。而 Berkowitz，Ma，Nishioka(2017)证实了国有企业在获得了更低成本的资本后，有动力利用资本来替代劳动要素。因此，样本中的文化企业生产函数的劳动产出弹性可能会被低估。

为了利用集聚经济来增加利润，国有文化企业可通过增加资本来增加产出，而不是通过提高生产率。因此，集聚经济与文化企业生产率之间的理论关联就被削弱了。为此，本书引用了劳动生产率(Labor Productivity)的对数形式以及平均每位员工的工资水平作为另外的产出衡量方式，以期捕获集聚经济效应。若国有企业用资本来替代劳动，本书则预期劳动生产率和工资水平将与集聚经济产生更紧密的逻辑联系。

第二，本书认为国有企业具有一个不仅仅是利润导向的多目标函数，此目标函数中对生产率、收入或者利润的考量可能是不足的。更具体来说，设 U_{SOE} 等于一个典型国有文化企业的目标函数，则根据 Berkowitz et al.(2017)，有：

$$U_{SOE} = Profit + Weight \times wL \qquad (4-21)$$

变量 wL 是企业的工资总额，Weight 是国有文化企业来自政府的压力，这种压力指政府迫使国有企业吸纳更多就业来扩大企业产出和规模。在文化产业中(尤其是中国的新闻出版发行服务业)，国有企业并不完全关注生产率、收入或利润，它们扩大产出或规模，可能是为了提供文化教育，宣传国家文化，甚至宣传国家意识形态。因此，从结果上来看，国有文化企业更多地把产业集聚视作扩大产出和规模的手段，而不是提高生产率、收入或利润。为此，本书还采用企业增加值和员工数量作为捕获集聚经济效应的衡量指标。若国有文化企业受到了非利润因素的影响，本书则预期这些指标与产业集聚和市场集中存在逻辑关联。针对上述国有文化企业的其他产出指标的分析，详见本书第 6 章。

4.4　本章小结

如何解释艺术部门的生产函数，是本书的一大挑战。文化产业的劳动投入要素具有明显的"非理性"偏好，因而与其他产业不同。但在以艺术人员为视角的目标函数的理论模型中，本章说明了产业化如何将传统生产函数与艺术部门的特殊诉求紧密联系。本章通过理论推演，解释了文化产业的生产函数。文化产业的劳动投入要素具有明显的"非理性"偏好，因而与其他产业不同。但本章通过以艺术家的偏好为目标函数的理论模型，阐述产业化背景下，传统生产函数对于文化产业的适用性。

从生产率的估计来看，文化产业具有独特性：核心的内容生产部门集聚了更多的劳动要素。核心层文化产业在企业生产效率方面的表现较差。生产率在地区之间的差异也符合对不同地区经济和文化发展水平的普遍认识。从区域上来看，上海、北京和广东等地的文化企业生产率水平相对较高，西部地区由陕西省作为主要地级市延伸至四川和重庆相关地区也形成了一条文化企业高生产率地带。

国有文化企业样本存在一定偏误，主要原因在于国有企业样本偏差带来的两种生产率扭曲：一是国有企业有动力利用资本来替代劳动要素，二是国有企业具有一个不单纯以利润为导向的多目标函数。因此本书还衡量了文化企业劳动生产率、员工工资及其增加值和员工数量等其他形式的产出，以提高模型的稳健性。

第 **5** 章 文化产业生产率与空间集聚和市场集中的关系研究

本章是全书核心的解释和验证环节,主要包括四个部分:第 1 部分包括 5.1 节和 5.2 节,说明了本书所用数据的优缺点及其解决办法,进而构建关于文化产业集聚和市场集中的实证模型和相关解释变量;第 2 部分为 5.3 节和 5.4 节,报告了核心实证模型的结果,主要论述了产业集聚(就业密度、专业化经济和多样化经济)、市场集中和竞争对文化企业生产率影响的实证过程;第 3 部分包括 5.5 节和 5.6 节,主要对核心实证结果进一步拓展,以探寻文化产业集聚和市场集中的内在机制;第 4 部分为本章小结。

5.1 数据来源和解释

5.1.1 数据的优点和缺点

本书的企业层面数据库提供了分析文化产业集聚经济和市场集中的独特机会。在中国经济学文献中,一个被广泛应用的数据库便是工业企业数据(例如 Lu and Tao,2009;Li et al.,2012)。此数据库覆盖了采矿业、制造业和公用事业的规模以上国有和私营企业。不过,工业企业数据中并没有包括文化创意产业在内的服务业企业。这也从侧面体现了本书数据库的独特性。本书数据库的另一个优势在于,国有企业的地理位置选择相对较少地受市场力量牵引,这在一定程度上缓解了由于选址偏差导致的互为因果内生性(reverse causality),即区域内更高生产率水平的企业吸引了更多的企业,从而导致更高的人口密度。

然而,因为本书的数据库只包含国有企业,其样本内的企业总资产规模仅占全国所有类型文化企业总资产的 23.5％（2014 年）[①]，在此有必要讨论数据的潜在偏差。我们认为偏差可能来自以下三类。

第一，政府对于国有企业的干预会更多，这使得国有企业收到了更多的政府补贴，因而受到市场的影响更小，其经营行为受到集聚经济和市场竞争效应的影响较小。Fu and Hong（2011）发现，在他们的制造业企业样本中，国有企业并未得到专业化和城市化经济的显著收益。

第二，根据文化创意产业的总体统计情况，国有企业的规模一般大于私营企业。从平均水平来看，一个典型的国有企业比一个私营企业大 23 倍。Jacobs（1961）认为一般而言，小企业更容易得益于城市的多样化经济，因为小企业更多地依赖于外部的产业环境。Fu and Hong（2011）也发现小企业相比于大企业，更得益于专业化和城市化经济。因此，第 5 章的集聚经济实证结果是更为保守的，这相当于为文化产业集聚经济的实际效果给出了一个"下限"，即私营、小型文化企业的集聚经济将更加明显。

第三，因为政府的补贴和其他政策倾斜，帮助了国有企业更好地在中国的西部地区存活，所以可能存在对于中国西部文化企业样本权重高估的问题。对此，本书对样本进行了重新赋权，并在后文给出了赋权结果。

本书并未获得中国私营文化企业数据的原因为：①民营文化企业的全面数据获取难度较大，经过搜集，作者能够获得零星、非系统的民营企业数据，但这些零星的样本数量较小，并不能与国有文化企业进行有效的比较，而经济普查数据仅为一年数据（2013 年），并不支持本节的面板回归模型；②回归模型对企业的财务等指标数量和质量要求较高，作者搜集到的民营企业数据存在财务指标不全等问题，从而无法进行有效的回归分析；③作者曾试图搜集民营上市文化企业的数据，但最终发现样本数量仅约为 25 户（国有企业为 36 户，不同产业统计口径下的文化企业数量略有不同），并不足以代表全国民营文化企业，因此并未采用这些样本。

最后，本节将样本中的国有文化企业所在地级市及省份与相关地级市及省级的数据指标进行了一一匹配。

---

① 参见国资委发布的《国有文化企业发展报告（2014）》以及《中国文化及相关产业年鉴（2014）》。

5.1.2　数据来源问题的进一步解释

文化体制改革后,国有文化企业更积极地融入市场竞争中,在竞争行为和商业模式等方面正与民营文化企业趋同,其对区域文化产业的代表性正在逐步加强。这在一定程度上缓解了国有企业样本的有偏性。在 2019 年年初,财政部和国家税务部门联合发文(《关于继续实施文化体制改革中经营性文化事业单位转制为企业若干税收政策的通知》〔2019〕16 号),继续支持文化体制改革的持续推进,推动中央文化企业和地方重点国有文化企业完成公司制改制。事实上早在几年前,很多文化事业单位已经很难获得政府的直接财政拨款,它们为了继续生存,不得不转向市场,为更广大的消费者服务。

5.2　集聚经济与市场集中的实证模型

为了构建产业集聚变量,本节借鉴以往大多数文献的成果(Combes and Gobillon,2015),从马歇尔外部性和城市化外部性两方面确定相关指标的衡量。简化的模型可以用以下等式来表示:

文化企业生产率＝F(集聚经济变量,产业控制变量,企业控制变量,区域控制变量),即:

$$TFP_{ijct} = Cons + A_{jct}\alpha + X_{jkct}\beta + \delta HHI_{jct} + W_{ct}\gamma + \lambda_t + \lambda_{jp} + \varepsilon_{ijkt} \quad (5-1)$$

其中,TFP_{ijct} 表示企业的全要素生产率。在文化产业中,TFP 可被视为文化企业的制作、宣发的组织能力和管理水平,以及其产品的文化和经济价值,这当然还包括艺术家创意和企业创意资本的艺术创造(Throsby,2001)。参数 α、β、γ 和 δ 待估计,Cons 是常数项。

A_{jct} 是衡量集聚经济的核心解释变量。HHI_{jct} 是衡量市场集中的另一组核心变量。本节引入了多个控制变量,以控制一系列可能混淆生产率促进效应的因素:X_{jkct} 是企业层面特征,包括企业规模和所有权属性;W_{ct} 是区域层面特征,包括地区教育水平、市场准入和服务业直接外商投资等变量。具体变量的说明见本章 5.3 节。

某些不能被观察到的异质性可能与企业层面 TFP 和解释变量相关。因此,OLS 回归可能由于遗漏变量而存在潜在偏差。例如,一个城市的环境保护、交通基础设施和自然资源都可能通过不同方式提高企业的 TFP，并吸引更多企业。这些未被观察到的特征与集聚经济指标存在着正相关关系，进而造成方程（5 - 1）的回归偏误。因而本节引入了年份和产业—省份固定效应（即λ_t和λ_{jp}）为了控制来自这两个方面的异质性。λ_t用来控制对于文化产业的总量生产率冲击，λ_{jp}用来控制区域和产业层面的政府政策、自然资源禀赋因素。

ε_{ijkt}是残差项。为了处理不同城市之间潜在的异方差性和同一城市的序列相关性，将标准误差进行地级市层面的聚类处理。

5.3　变量构建与分析

5.3.1　产业集聚指标的构建

本节构建三个核心集聚经济指标A_{jct}，即专业化、多样化和人口密度。在产业专业化（马歇尔外部性）方面，采用区位商（Location Quotient）来衡量，该指标是研究集聚经济的基准指标，并被广泛应用于文献中（Combes and Gobillon，2015）。

$$Specialization = \frac{E_{cjt}/E_{ct}}{E_c/E} \qquad (5 - 2)$$

其中，E_{cjt}是地区 c（地级市或省份，下同）的文化产业就业人数，E_c是全国文化产业就业人数。为了使文化产业就业人数具有代表性，本节采用国民经济行业分类中的 R 类产业（文化、娱乐与体育产业）[①]。如果 $Specialization$ 大于 1，则表示该区域的文化产业就业高于全国平均水平。马歇尔外部性指出，一个高密度的产业就业预期将对企业效率产生正向影响。

[①] R 类产业与国家统计局的四位数产业分类稍有不同。Ko and Mok（2014）提供了 R 类产业的具体介绍。因为 R 类产业还包含了体育产业的就业数据，因此这种选择看起来并不完美，但作者选取国民经济行业分类中的 R 类产业（文化、娱乐与体育产业），主要是基于以下考虑：作者根据 Ko and Mok（2014）提供的线索，将 R 类产业与中国经济普查中的四位数文化产业分类进行了比对，发现约 93% 的 R 类产业就业属于经济普查口径中的文化产业，其中约 80% 的 R 类产业属于核心文化活动。因此，作者认为 R 类产业就业数据是当前衡量文化产业就业的最优选择。同时为了改善数据的准确性，本书根据省份层面的《中国统计年鉴》数据，计算了每个省份中文化经济活动的就业对体育娱乐产业就业的比重，并将这些比重应用到每个省份中的不同城市，计算每个城市的文化产业就业，用以计算 $Specialization$ 指标。

　　关于专业化程度指标,本节也参考了 Batisse(2002)以及贺灿飞和潘峰华 (2009)用某一城市中该行业总的就业人数占该城市的全部就业人数的比重来衡量。该指标反映了一个行业在某个城市的集中程度或专业化程度,可以作为行业内集聚经济或马歇尔外部性的量度。城市和省份的总就业人口和分行业就业人口数据来源于《中国城市统计年鉴》和《中国统计年鉴》。

　　就中国地级市专业化程度分布而言,东部地区的文化产业集聚程度高于中西部地区,尤其是东南地区的地级市,文化产业的集聚似乎更为明显。但在有些中西部地级市中,文化集聚现象也较为明显,尤其是以山西、陕西、湖北、云南、贵州地区的相关地级市为代表的区域中,文化产业就业人员较为密集。这似乎违反了某些常识。本书对此的解释是:①中西部有些地区具有丰富的文化遗产,在此基础上,当地的文化产业相对集中,再加上政府对于文化产业的政策倾斜,就业人数占当地就业的比重相对较大;②中西部地区中文化产业相对集聚的地级市大多为区域中心城市,其文化产业发展所需的资源更为集中,因而发展基础更为牢靠。

　　雅各布斯外部性指出,一个多样化的产业结构有利于不同部门间技术的交流和知识的扩散。产业多样化指标可以用多种方式来衡量,例如:基尼系数、泰尔指数(Theil 熵指数)等。本节参考 Beaudry and Schiffauerova(2009)以及 Combes and Gobillon(2015)采用 1 除以各产业就业的赫芬达尔(Herfindahl)指数,用以下公式表达:

$$Diversity = 1/\sum_j \left(\frac{E_j}{\sum_j E_j}\right)^2 \qquad (5-3)$$

　　其中,E_j 表示区域内服务业部门 j 的就业[①],本节采用国民经济行业分类的两位数产业来计算 $Diversity$,该指标反映了区域产业多样化的程度,指标越大,多样化程度越深,单个产业的比例越小。中国各地级市的产业多样化分布呈现了与专业化程度分布明显不同的特征:东部地区以及大城市等区域的城市化经济显著优于其他地区。具体而言,产业多样化程度高的地区包括大多数的沿海

---

① 在计算赫芬达尔多样化指数时,在产业类别中排除了制造业。由于制造业与文化产业(尤其是核心的创意活动)关联较小,因此其对文化产业的影响相较于服务业更小。本书曾使用包含制造业的赫芬达尔指数作为解释变量,实证结果与只包含服务业的多样化指标的结果不同:在多个模型中,包含制造业的多样化经济并不显著。限于篇幅,包含制造业的多样化实证模型结果并未列示。

地区、长三角、珠三角、山东半岛、辽东半岛以及京津冀地区。这些都与大城市的空间发展优势紧密相关。

其中，Combes and Gobillon（2015）指出城市人口密度控制着城市的规模，也是集聚经济的重要指标。采用密度指标，主要基于以下两个考虑：第一，人口密度用来把握总体上的集聚经济，而并非区分专业化经济和多样化经济，在相关回归模型中，只使用了人口密度指标而排除了上述两个指标；第二，人口密度用来检验城市化经济是否还存在除多样化经济以外的规模效应，即城市规模对于生产率的残余效应（Residual Effects）。人口密度反映了城市就业、需求规模、基础设施、共同市场、规模经济对文化产业发展的影响，同时城市的人口规模也直接与产业多样化相关联，因为更具效率的工人可能更倾向于集中在人口密集的区域，其原因在于密集地区形成的高生产率产生了良性循环（Combes et al.，2012）。通常而言，用城市的常住人口数量来衡量该密度指标。

5.3.2　市场集中指标的构建

本书的另一个重要目的在于考察文化产业的市场集中是否对文化企业的生产率水平产生促进作用。生产率的提升可能不是由于集聚带来了专业化经济，以及城市规模带来的产业多样化，而是由于集聚带来了更激烈的竞争，是竞争导致优胜劣汰，生存下来的企业自然拥有着更高的生产率水平。这种因素称为集聚的竞争效应（Porter，1990）。对市场结构影响的控制在一定程度上回答了企业生产率提高是受集聚还是竞争效应影响的问题。对于每个城市 c 和文化产业 j，本节采用赫希曼-赫芬达尔指数（HHI）作为衡量市场竞争程度的集中度指标，即：

$$HHI_{jct} = \sum_i z_{ijct}^2, j \in \text{CIs} \tag{5-4}$$

其中，z_{ijct} 是企业 i 在年份 t 的城市 c 里的产业 j 中的市场份额[①]。HHI 较小，体现了一个相对不集中的细分文化产业，当地的文化产业市场竞争也更加激烈。在表 5-2 中，可以发现 HHI_{jct} 有低至接近 0，也有高至接近 1，这反映了中国各地的不同文化产业市场结构从非常竞争到极度垄断，分化较明显。

---

① 由于无法获得包括私营企业在内的地区所有文化企业的数据，本书采用原始样本数据代替。产业 j 为文化产业分类下的四位数产业。

5.3.3　控制变量指标的构建

本节引进不同层面的控制变量,以控制对企业生产率产生影响的其他变量。W_{ct} 是区域层面变量,主要由当地人力资本质量(教育水平)、区域虚拟变量以及外围直接投资(FDI)构成。

地区人口受教育程度也称为人力资本外部性,是除集聚经济中劳动力市场共享以外的另一种促进企业生产率的区域因素,这种外部性与马歇尔外部性相关但并不等同,该指标控制住了地区人力资本的影响。通常而言,用城市中大学生的数量来衡量这种人力资本外部性。

市场准入衡量的是企业接近更大市场(更大城市)的程度。本节用省会和直辖市的虚拟变量来识别这种效应,这是因为各个省会城市和直辖市在市场容量、都市经济规模方面拥有其他城市所没有的地理优势。

同时,大量文献也论述了 FDI(外国直接投资)对于企业生产率的影响(Javorcik,2004),FDI 能够产生知识溢出,进而能够促进企业生产率的提升。本节用城市的 FDI 来控制集聚经济中知识溢出效应的其他来源(Au and Henderson,2006)[①]。

X_{jkct} 表示企业层面的控制变量,包括总资产和企业身份(即央企或地方国企)。其中,总资产、企业身份相对最为重要。总资产代表企业规模,主要控制企业的规模经济,同时也在一定程度上反映了大企业与生产率之间的关系以及市场集中对于生产率的影响。企业身份体现了企业与中央或地方政府的关系,采用虚拟变量处理方法。各个变量的计算方法和统计性描述分别见表 5-1 和表 5-2。

---

① 本书在初步研究时还引入了衡量文化发展水平的变量,好的地区文化环境可以促进当地艺术从业人员的创新,从而带来企业效率的增进。本书还引入城市中表演艺术产业的发展程度来衡量当地的文化发展水平。具体来说,用表演或演唱会数量来代表。但考虑到引入此类变量带来的潜在互为因果内生性,且在实证模型中,文化发展水平始终对企业效率提高均无明显作用,因此在正式分析中放弃了该指标。

表 5 - 1 变量定义和数据来源

变量名称	描述	数据来源
被解释变量 TFP	全要素生产率	国资委提供企业年度报告和作者计算
劳动生产率（LP）	企业增加值除以员工人数	国资委提供企业年度报告和作者计算
工资（Wage）	工资总额除以员工人数	国资委提供企业年度报告和作者计算
主要解释变量 专业化（Specialization）	区位商（文化产业就业）	城市/省份统计年鉴
多样化（Diversity）	1 除以赫希曼-赫芬达尔指数（就业）	城市/省份统计年鉴
人口密度（Density）	城市常住人口	城市/省份统计年鉴
企业层面变量 企业规模（Size）	企业总资产	国资委提供企业年度报告
企业身份（Ownership）	虚拟变量：是否中央国有企业或地方国有企业	国资委提供企业年度报告
产业层面变量 市场集中度（HHI）	除以赫希曼-赫芬达尔指数（集中度）	根据国资委提供企业年度报告估算
区域层面变量 市场准入（Capital）	虚拟变量：直辖市或省会＝1,非直辖市＝0	
教育发展情况（Education）	城市或省份的大学生数量	城市/省份统计年鉴
FDI	服务业外商直接投资	城市/省份统计年鉴
沟通成本变量 互联网发展水平（Internet）	网络用户数量除以城市人口	城市/省份统计年鉴

注：1. 除本身为比例指标的集聚变量和虚拟变量外，其余变量在回归模型中均取对数形式；

2. 除了集聚经济指标以外，所有指标均采取线性形式。其中 HHI 为赫芬达尔指数原始值加 1 后取对数。

表 5 - 2　统计性描述

	变量名称	N	Mean	Sd	Min	Max
被解释变量	*TFP*	10 874	2.233	1.141	−7.965	8.492
	劳动生产率(*LP*)	10 874	2.423	1.155	−7.863	9.132
	工资(*Wage*)	10 817	1.616	0.794	−4.573	6.067
主要解释变量	专业化(*Specialization*)	10 874	0.102	0.573	−1.569	1.048
	多样化(*Diversity*)	10 874	2.13	0.268	0.44	2.396
	人口密度(*Density*)	10 874	6.401	0.805	1.629	7.882
企业层面变量	企业规模(*Size*)	10 874	7.349	2.022	−3.912	14.78
	企业身份(*Ownership*)	10 874	0.256	0.437	0	1
产业层面变量	市场集中度(*HHI*)	10 874	0.315	0.222	0	0.693
区域层面变量	市场准入(*Capital*)	10 874	12.34	1.392	5.793	13.83
	教育发展情况(*Education*)	10 874	0.664	0.472	0	1
	FDI	10 874	12.3	1.937	4.111	14.45
沟通成本变量	互联网发展水平(*Internet*)	10 785	0.467	0.593	−1.436	2.352

注:除了文化企业工资、互联网发展水平的样本观测值分别为 10 817 和 10 785 以外,其余变量的样本观测值均为 10 874。

5.4   核心实证模型结果分析

5.4.1   集聚经济结果

表 5 - 3 报告了本书的基准核心实证结果。在本节中，我们回归经典集聚经济的分析，更加重视对人口和就业规模集聚经济的验证。第 1 列引入人口密度和年份固定效应作为解释变量。人口密度系数显著为正，为 0.310，表明了人口规模提高 1％，文化企业的密度提高 0.31％。这种文化产业的密度效应表现出比制造业更明显的特征，但这与文献中对于创意和知识密集型服务业的相关证据是高度一致的[1]。Morikawa(2011)发现人口密度对于文化中心、电影院、剧院等企业的生产率的作用范围为 0.17～0.43。而 Abel，Dey，Gabe(2012)则发现艺术与娱乐业的生产率的作用更大，约为 0.39。

第 2 列和第 3 列分别引入了文化产业集聚的核心指标。实证结果表明专业化经济和多样化经济同时显著地促进样本中的文化企业生产率的提高。同时，这两列的结果都显示了人口密度系数的减小，系数分别为 0.274 和 0.153。这反映了集聚经济(专业化和多样化)是区域就业效应的重要来源。同时，在保留密度指标的情况下，当加入专业化经济指标时，密度指标的系数减小幅度比加入多样化指标时的减小幅度更小，说明专业化经济对文化企业的集聚经济效应小于多样化经济，这与前文的初步实证结果是一致的。从专业化和多样化自身的系数来看，多样化经济也比专业化经济在经济意义上更为显著。具体而言，专业化系数为 0.337，多样化系数为 0.909。

第 4 列中，将主要集聚经济指标同时加入到回归方程中。实证结果表明，在同时考虑密度影响的前提下，城市文化产业就业和多样化程度增加 1％，将导致当地的文化企业生产率分别增加 0.19％和 0.63％。该实证结果还表明人口密度和多样化经济都作用于城市化经济。这也意味着在城市规模效应基础上，多样化经济进一步促进了样本中的文化企业生产率。

---

[1]   在典型的文献中，人口密度翻倍导致生产率的提升范围为 3％到 8％。具体的数据可参见 Rosenthal and Strange(2004)和 Ahlfeldt and Pietrostefani(2017)。中国的制造业人口或就业密度效应似乎更大，超过了 8％，参见范剑勇(2006)。

表 5 - 3　核心实证模型回归结果

解释变量	OLS [1]	OLS [2] 专业化	OLS [3] 多样化	OLS [4] 专业化+多样化	OLS [5] 企业变量+HHI	OLS [6] 全部变量	GMM [7] 全部变量
$Density$	0.310***	0.274***	0.153***	0.181***	0.102***	−0.141***	−0.122**
	(0.013)	(0.013)	(0.015)	(0.016)	(0.014)	(0.052)	(0.051)
$Specialization$		0.337***		0.186***	−0.018	−0.02	−0.043
		(0.019)		(0.023)	(0.024)	(0.056)	(0.068)
$Diversity$			0.909***	0.631***	0.454***	0.307*	0.433**
			(0.047)	(0.058)	(0.053)	(0.157)	(0.182)
$Size$					0.218***	0.197***	0.197***
					(0.005)	(0.005)	(0.005)
$Ownership$					0.312***	0.316***	0.319***
					(0.026)	(0.069)	(0.062)
HHI					−0.682***	−0.356***	−0.396***
					(0.047)	(0.098)	(0.097)
$Education$						0.068**	0.055*
						(0.031)	(0.031)
$Capital$						−0.069	−0.062
						(0.095)	(0.097)

（续表）

解释变量	OLS [1]	OLS [2] 专业化	OLS [3] 多样化	OLS [4] 专业化＋多样化	OLS [5] 企业变量＋HHI	OLS [6] 全部变量	GMM [7] 全部变量
FDI						0.049*	0.038
						(0.026)	(0.026)
年份固定效应	是	是	是	是	是	是	是
省份—产业固定效应	否	否	否	否	否	是	是
$Observations$	10 874	10 874	10 874	10 874	10 874	10 874	10 827
$R2$	0.062	0.089	0.093	0.099	0.263	0.37	0.172
聚类数						260	255

注：1. 稳健标准误（以城市层面进行聚类）在括号中，*** $p < 0.01$，** $p < 0.05$，* $p < 0.1$；

2. 常数项的估计参数并未在表中列示。

5.4.2　市场集中效应

表 5-3 第 5 列着重考察市场集中因素或竞争效应,本节进一步加入企业层面变量和市场因素。同时加入这两类解释变量的原因在于,在一定区域内,企业市场竞争策略同时受企业异质性(尤其是企业规模)和行业市场结构的影响,因而这两个因素同时通过市场竞争影响文化企业的生产率。同时,次要的原因则在于控制企业和行业的异质性。HHI(赫芬达尔-赫希曼指数)能够帮助识别国民经济行业分类中文化产业的细分四位数产业内的竞争效应。控制企业异质性后,发现集聚经济被削弱了。一方面,这说明文化企业自身的规模能够带来效率的显著改善,企业规模提高 1%,文化企业生产率提高 0.22%,而中央文化企业比地方国有企业的生产率水平明显更高。另一方面,HHI 的系数显著为负,说明更为激烈的竞争伴随着更高的生产率水平,进而也表明了文化企业为了在激烈竞争中生存,必须提高生产率。由此,自我选择(self-selection)的内生性问题出现了。要解决这一问题,需引入新的计量模型。更需要注意的是,引入 HHI后,专业化经济指标系数转为负,说明在控制了企业和市场因素后,专业化经济并不促进集聚经济的形成,竞争效应是专业化经济中影响文化企业生产率占主导作用的渠道。

表 5-3 第 6 列根据基准回归方程,将其他城市层级的控制变量引入,并加入省份—产业的固定效应,以识别随时间变化的省份—产业特征的影响。本节采取城市层级的聚类处理,用来控制城市内部潜在的残差自相关性问题。从城市的控制变量的系数估计来看,人力资本和 FDI 的积累也对样本中的文化企业产生正向影响,这与文献观点以及经济直觉一致,但省会城市的文化企业似乎并未被发现在生产率方面的任何优势。与第 5 列结果一致的是,相比于专业化经济,多样化经济更加促进样本中文化企业生产率的提高。多样化程度增加 1%,将导致生产率提高 0.31%。

表 5-3 第 6 列的实证结果还表明,保持其他所有变量不变,城市内更加稠密的人口似乎对企业生产率存在负面影响。对此,我们认为,城市层面的控制变量以及省份—产业固定效应覆盖了密度效应中大部分的本地需求效应,鉴于样本中的国有企业规模普遍偏大,其业务经常是跨地区的,有时本地业务甚至仅占其整体业务的一小部分,衡量本地对企业影响的密度效应则可能只剩下负面的

拥挤效应，因而其系数显著为负。

5.4.3　内生性问题的处理

尽管省份—产业固定效应控制了一些未被观察到的省份和产业特征，但它也排除了相当数量的不随时间改变、但很可能很重要的特征。同时它也很可能遗漏了在省份—产业内部、随时间变化的变量，而这些变量具有潜在的内生性。为了缓解这一遗漏变量带来的内生性问题，以及表 5 - 3 第 5 列实证设计中的自我选择内生性问题，本书舍弃 OLS 回归模型，应用 GMM 方法重新对表 5 - 3 第 6 列进行估计，结果展示在表 5 - 3 第 7 列。具体而言，采用了滞后解释变量作为工具变量。当期被观察到的文化产业集聚，在很大程度上与上期的集聚程度高度相关，而上期的集聚不由当期的企业生产率决定。不过必须承认的是，GMM 也并非完美的处理内生性的方案，因为还可能同时存在城市集聚、城市产业构成以及企业生产率的发展惯性。尽管如此，本书仍然认为，GMM 还是能够在一定程度上缓释内生性问题。

表 5 - 3 第 7 列中，本节利用滞后两期的主要解释变量 $\{Specialization_{t-1},$ $Specialization_{t-2}, Diverity_{t-1}, Diverity_{t-2}\}$ 作为工具变量。实证结果与第 6 列一致，本书仍未发现显著的专业化经济，但多样化经济仍然较为明显，且比 OLS 模型下在经济意义上更加显著，多样化程度提高 1%，企业生产率提高 0.43%。在此模型中，变量 FDI 的影响不再显著，表明 FDI 可能并非促进文化企业生产率的主要力量，正如 Ko and Mok(2014)所指出的，中国的文化创意集聚诞生于一个受限制、发展不完善的商业环境中。由于文化对于国家意志和意识形态较为敏感，外商文化企业进入相关领域的壁垒很高。不过正向（但不显著）的影响也说明了 FDI 可以通过影响其他服务业，并通过城市化经济来间接影响当地文化企业。

总体而言，样本中的文化企业更受到城市化经济的正向影响，专业化经济则更多地体现为以集中度衡量市场竞争效应。这表明，文化产业得益于城市中不同服务业之间的互动与支持。

5.5　多样化经济机制探究

上节的核心实证模型结果表明，中国文化产业更受益于城市化经济，尤其是产业多样化。因此,本节聚焦于产业多样化是如何促进文化产业效率的问题,通过区分不同维度的产业多样化,对文化产业多样化经济的机制进行更精准的识别。

5.5.1　广泛产业多样化的综合作用

本节计算产业多样化指标时,包括了除文化、体育和娱乐产业(R 类)以外的所有服务业两位数产业,可称之为"广泛的产业多样化"。考虑到并非所有服务业都直接对文化创意产业的生产率产生影响,尤其可能不对核心的创意活动产生影响,因此本节构建了新的多样化指标,以排除这些产业,使多样化指标更具关于文化生产效率的针对性。另外,通过比较排除这些产业后的实证结果和表5 - 3 第 7 列的结果,本节也旨在验证这些看起来与文化产业关系较小的产业,在产业多样化中贡献了对文化产业的促进作用。表 5 - 4 报告了新的实证结果。

具体而言,表 5 - 4 第 1 列排除了金融中介服务业和房地产业;第 2 列排除了城市供水服务、环保事业、卫生和社会服务、公共管理、社会保障和社会组织等产业;第 3 列同时排除了第 1 列和第 2 列所排除的行业。同样的,这三列的结果也与前文的结果在统计意义上保持一致。

但进一步分析这些结果的经济意义,本书发现排除了上述产业后的多样化指标系数变小了,这说明不同服务业的整体多样化,包括与文化产业似乎并无直接关联的产业,都构成了文化产业的城市化经济。此结果具有明显的现实含义,服务业中的很多细分产业均能够通过产业多样化机制促进文化产业效率的提升(即使是城市供水服务类似的产业),而不局限于文化产业内部。这进一步验证了第 3 章 3.3 节关于城市创意环境以及文化产业对城市偏好的观点,以及回应了第 2 章 2.4 节关于创意城市、文化产业与城市发展的文献讨论,并提供了实证证据。同时,该结果还具有政策含义,文化产业的发展受益于广泛的产业多样化,文化产业的发展不能隔离于城市的整体发展和多种产业的互动,否则将使得产业多样化的作用受到限制。当前中国各地的很多文化产业园,一是在地理区域上分布于较为偏远的地区,二是在产业选择和规划时,未合理考虑周边的产业分布,使得它们无法完全享受到产业多样化带来的效率增进。这种现象是应该避免的。

表 5 - 4   广泛服务业产业多样化的实证结果

解释变量	排除金融中介等服务业后的多样化	排除城市供水服务等服务业的多样化	排除[1]、[2]服务业的多样化
	[1]	[2]	[3]
Density	−0.109**	−0.119**	−0.107**
	(0.051)	(0.051)	(0.051)
Specialization	−0.051	−0.04	−0.049
	(0.068)	(0.069)	(0.068)
Diversity	0.375***	0.390**	0.349***
	(0.133)	(0.190)	(0.129)
年份固定效应	是	是	是
省份－产业固定效应	是	是	是
样本	10 827	10 827	10 827
R-squared	0.172	0.172	0.172
聚类数	255	255	255

注:1. 稳健标准误(以城市层面进行聚类)在括号中,*** $p<0.01$,** $p<0.05$,* $p<0.1$;

2. 所有列的回归过程中均包含了全部的控制变量,包括 HHI、企业规模、企业身份、教育、FDI、省会城市虚拟变量以及常数项;

3. 所有回归模型均采用 GMM 方法。

5.5.2   文化产业内部多样化的作用

前文实证模型中所用的产业多样化指标不免会受到质疑,因为所有的产业多样化指标均是以两位数产业进行计算的,并不能让人看清文化产业内部、各细分文化产业之间的关联。由于统计数据的缺失,本书无法完全识别这种产业关联对文化产业生产率的效应,而有时文化产业内部的交流很可能是更为重要的(Lazzeretti, Innocenti, Capone, 2017)。为此,本节利用未删除任何样本的企业层面原始数据,加总文化企业的收入数据,计算城市层面的、四位数文化产业的多样化指标(见表 4 - 1)。具体的多样化指标分为两类:一类是全部细分文化产业之间,另一类是相关层的细分文化产业之间(参见 4.2 节关于文化创意产业分类问题的讨论）。

对应的实证结果见表 5 - 5。表 5 - 5 第 1 列报告了利用全部文化产业内部的多样化指标实证结果，第 2 列报告了相关层文化产业内部的多样化指标实证结果。

实证结果表明，虽然统计意义上全部文化产业内部的多样化经济有所减弱，但经济意义上文化产业内部多样化的产业分布仍然能够提高文化企业生产率。相关层文化产业内部的多样化情况类似，且在统计和经济意义上相较于全部文化产业更显著。总体而言，细分文化产业多样化程度增加 1%，文化企业生产率的提高幅度为 0.18%～0.39%。

表 5 - 5　文化产业内部多样化结果

解释变量	全部文化产业多样化	相关层文化产业多样化
	[1]	[2]
Density	−0.186***	−0.295***
	(0.061)	(0.094)
Specialization	0.092	0.074
	(0.101)	(0.125)
Diversity	0.177*	0.386***
	(0.094)	(0.092)
年份固定效应	是	是
省份—产业固定效应	是	是
样本	3 136	2 771
R-squared	0.193	0.197
聚类数	190	99

注：1. 稳健标准误（以城市层面进行聚类）在括号中，*** $p<0.01$，** $p<0.05$，* $p<0.1$；

2. 所有列的回归过程中均包含了全部的控制变量，包括人口密度、HHI、企业规模、企业身份、教育、FDI、省会城市虚拟变量以及常数项；

3. 所有回归模型均采用 GMM 方法。

5.6 文化企业规模与生产率

核心实证模型关于市场集中的结果表明，以 HHI 衡量的市场集中程度与文化企业生产率呈负向关系，市场结构分散导致竞争更激烈，文化企业的生产率更高。同时文化企业规模对生产率的提高作用显著，似乎说明了文化产业存在明显的规模经济，即文化企业通过扩张规模能够减少成本，提高效率。但这与文献对于文化产业生产率的认识矛盾，尤其是与 Baumol and Bowen(1968)提出的"成本疾病"现象矛盾。因此，本节聚焦于文化企业生产率与企业规模关系的分析。

5.6.1 "成本疾病"与文化产业生产率

Baumol and Bowen(1968)提出"成本疾病"假说时，建立了两部门模型，包含了制造领域和文化产业部门。他们指出，在文化部门，其成本和收入之间会出现愈加扩大的差距，因为文化部门不像制造业部门那样拥有持续增长的生产率水平，其生产率在一百年来似乎维持了相近的水平，而工资等要素价格的持续增长带来的成本压力相对于文化产业"较低"的生产率，对文化产业的发展产生了负面的作用。

在"成本疾病"的假设下，本书认为存在以下两个推论：①规模经济性在文化企业中并不普遍存在，企业资产规模和市场份额带来的市场力量对于其效率不存在显著正相关关系；②艺术家对于企业效率影响较大，其个人的收益与公司收益之间存在较密切的关联，进而艺术家的成本影响了企业乃至整个行业的成长。

5.6.2 关于"成本疾病"的实证模型

为了反驳这两个推论，本节利用样本企业的规模数据和经营数据进行回归分析，判断这些经济因素之间的关系。回归方程为：

$$R_{it} = \alpha L_{it} + \beta Size_{it} + \gamma W_{it} + \varepsilon_{it} \qquad (5-5)$$

其中，R_{it} 指成本费用利润率，代表企业在市场上获得的收益，具体计算公式为 $R =$ 利润总额/成本费用总额。之所以在此将解释变量由 TFP 替换成利润，是因为文化企业的生存与利润的关联更加直接。$Size_{it}$ 表示企业总资产，代表企业的企业规模。推论①认为，在诸多细分产业中，企业规模并未促进文化企业利润的直接改善。L_{it} 表示员工数,表示企业拥有的人力资源。W_{it} 为员工薪资,代表了文化就业人员的收益。推论②认为,工资与企业的收益有着较显著的正相关关系。

　　详细的企业层面指标及其数据来源见表 5 - 6。表 5 - 6 同时给出了实证模型估计所用的企业层面指标的统计描述。

表 5 - 6　初步实证模型估计所用指标数据的统计描述及来源

变量	描述	N	Mean	Sd	Min	Max
企业利润(R)	R = 利润总额/成本费用总额	10 874	5.915	2.062	−4.702	2.58
劳动(L)	劳动要素:员工数量对数	10 874	3.492	1.412	0	9.37
企业规模($Size$)	资本要素:固定资产净值对数	10 874	4.698	2.575	−4.605	13.05
工资(W)	实际发放工资总额的对数	10 874	6.227	2.356	1.095	14.555

注:1. L、K 和 W 均为对数形式;

　　2. 数据均来自国资委提供的企业年度报告。

　　本节考察了十大类文化产业中的企业表现。为了缓解遗漏变量带来的内生性问题,我们利用企业固定效应来判断前述企业规模与经营效率的相关关系。表 5 - 7 的回归结果表明,这样一个在制造业中普遍成立的理论在文化产业中并不符合事实。

表 5 - 7　企业规模与利润的实证回归结果

产业类别	①	②	③	④	⑤
L	0.050	0.800***	0.349***	−0.016***	0.083
	(0.108)	(0.050)	(0.020)	(0.002)	(0.056)
$Size$	−0.010***	−0.163***	−0.225***	0.185***	0.088
	(0.001)	(0.047)	(0.030)	(0.023)	(0.056)

（续表）

产业类别	①	②	③	④	⑤
W	0.001	0.267*	0.0543	0.005	0.008
	(0.020)	(0.134)	(0.050)	(0.024)	(0.024)
年份固定效应	是	是	是	是	是
样本	2 560	1 020	428	128	468
R-squared	0.269	0.483	0.224	0.327	0.256
	⑥	⑦	⑧	⑨	⑩
L	0.299**	−0.004	−0.335*	−0.016	0.060***
	(0.146)	(0.024)	(0.174)	(0.025)	(0.021)
Size	0.163***	0.062	0.105***	0.068**	0.335**
	(0.011)	(0.059)	(0.013)	(0.032)	(0.147)
W	0.082	0.255***	0.089	0.083	0.0623
	(0.056)	(0.011)	(0.056)	(0.056)	(0.059)
年份固定效应	是	是	是	是	是
样本	208	98	904	186	82
R-squared	0.193	0.197	0.058	0.043	0.012

注：标准误在括号中，*** $p<0.01$，** $p<0.05$，* $p<0.1$。

对于推论①，从上述结果看，企业的经营效率与企业规模的关系较为分化。呈现显著正相关关系的文化产业有五大类，相关关系不显著的有两大类，呈现负相关关系的有三大类。呈现负相关关系的文化产业主要为核心层的三个产业，分别是新闻出版发行、广播电视电影和文化艺术服务，这三个文化产业对内容创造更敏感，但对企业资本规模的扩张不敏感，因此企业规模对其影响较小。

对于推论②，大多数文化产业的员工薪资与企业效率的相关关系并不显著。文化产业中的工资至少没有拖累文化企业的盈利水平。同时，本书认为一部分原因是文化艺术产业的劳动力市场相对复杂，由于自我雇佣，企业内部的艺术家和创意阶层在劳动力市场中的比例较小，在企业中从事与文化无关工作的就业人员比例较大，因而创意的收益并未充分体现在数据中。

以上的实证结果表明，并无明显的证据证明中国文化产业存在"成本疾病"。虽然"成本疾病"在一定程度上存在于个别文化产业中，但这一现象并未导致文化产业的消亡,反而文化产业得到了更快速的发展。众多经济学家也提出了解释"成本疾病"现象的原因,其中,现场表演艺术至少以六种方式承受了生产率的增长停滞所施加的压力,这些原因与文化产业的市场化和技术水平提高紧密相关。第一,场地设计、声音和照明工具等领域已经出现了技术进步,进而导致更多的现场消费者能够参与到表演之中;第二,媒体复制技术极大地拓展了消费量,并使得公司获得了新的收入来源,这种收入甚至在后期成为很多表演团体的重要收入来源;第三,很多公司为了应对成本压力,已经调整了要素投入;第四,表演团体并非总是为了吸引或保留充足的劳动供给,而跟随其他行业一起提高工资,因为大量艺术从业者最重要的诉求并非金钱,博物馆、画廊等场所还拥有大量志愿者;第五,随着时间推移,其他部门的工资增长也在"补贴"艺术部门,因为工资的增长促进了人们对艺术需求的增长;第六,因为艺术文化的公共品特性,政府、慈善基金会等公共部门还会对艺术部门予以越来越多的支持(Throsby,2001)。

5.7　本章小结

本章是本书的核心章节,主要论述了产业集聚(专业化经济和多样化经济)、市场集中和竞争对文化企业生产率影响的实证过程。在选择合理的集聚经济变量的基础上,构建了包括 OLS、固定效应、GMM、工具变量法等较丰富的实证模型。通过多方面和多层次的回归验证可以判断,集聚经济比较明显,实证结果也较好地通过了稳健性检验。

在城市层级上,当考察人口密度这个单一因素时,可发现人口密度提高 1%,文化企业生产率就提高 0.31%。文化产业的专业化并不明显,但多样化经济在经济意义和统计意义上均较为显著。城市的多样化程度提高 1%,文化企业生产率就提高 0.43%。文化产业的市场集中效应则主要体现在竞争效应和单个企业的规模两个方面。其中,竞争效应是专业化经济中影响文化企业生产率占主导作用的渠道,而文化企业自身的规模扩大则能够带来效率的显著改善。

同时,本章对核心实证结果进一步拓展,以探寻文化产业集聚和市场集中的内在机制。

首先,通过区分不同维度的产业多样化,对文化产业多样化经济的机制进行了更精准的识别。不同服务业的整体多样化，包括与文化产业似乎并无直接关联的产业，都构成了文化产业的城市化经济，文化产业内部多样化的产业分布也能够提高文化企业生产率。

　　其次，进一步验证了企业规模效应。总体而言，不同产业类别的文化企业仍然受到了企业规模的正向影响，大多数文化产业的员工薪资与企业效率的相关关系并不显著，文化产业中的工资至少没有拖累文化企业的盈利水平。实证结果表明，并无明显的证据证明中国文化产业存在"成本疾病"。

第 **6** 章　细分维度的解释与稳健性检验

与第 5 章相同,本章也是全书核心的解释和验证环节,主要根据第 3 章所阐述的文化集聚和市场集中特征,提供多种细分维度的解释,并回应第 5 章核心实证模型中由样本限制和中国文化产业、文化企业的实际情况造成的潜在偏误。本章主要分为三个部分:第 1 部分包括 6.1 节、6.2 节和 6.3 节,提供细分维度的解释,包括创意交流与知识溢出、不同空间尺度下的文化产业集聚特征以及文化产业集聚的空间关联;第 2 部分包括 6.4 节、6.5 节、6.6 节和 6.7 节,主要回应核心实证模型的潜在偏误,包括国有企业样本偏误、由市场力量和竞争扭曲等导致的内生性以及一系列稳健性检验;第 3 部分 6.8 节为本章小结。

6.1　创意交流与知识溢出

集聚经济的渠道包括三个:劳动市场匹配、要素投入的联结、知识溢出,文化产业也不例外,但文化产业有着自身的独特之处。一般而言,文化创意部门的产品或服务提供,相对较少地涉及原材料、设备等投入要素,而是更多地依靠较高质量、更具前沿创新意识的人员来推动,这与劳动要素的市场匹配不同。因为劳动力的空间集中带来的效率增进,更多是从投入要素的角度出发,而较少考虑其创意或创新。因而在这三个渠道中,知识溢出便成了知识型创意产业集聚经济最重要的作用形式。知识、信息和创意的分享,也成了文化生产过程中必不可少的环节,而交流可能是产生知识溢出最常见的办法了。信息和想法往往在面对面交流时能够更有效地被传播。对一件事物认识上的趋同能够吸引双方靠近彼此,尤其是在不同艺术部门之间(Lazzeretti,Capone,Boix,2012)。而地理上的邻近能够生发出不同细分文化产业之间、甚至不同服务业之间更深入的交流。

倘若交流机制不畅，交流成本高，双方在物理和精神上的距离都较远，则很难进行有效交流。因此，本书认为有必要打开集聚经济的细分渠道进行具体分析，尤其应当着重分析集聚经济中的知识溢出效应。

通过两种方式来代理交流成本，即对于网络（或数据经济）的接近程度和交通基础设施建设情况。发达、完善的互联网和大数据，使艺术人员和文化组织之间的交流变得更加容易，尤其是对于地理上并非毗邻的实体之间。同时，在现代内容产业的基础设施日益完善、数字化程度极高的时代中，发达的网络本身就能够让知识、创意和文化产品得到广泛的传播。本章预期网络的接入将对样本企业之间的交流本质上起到促进作用，进而推动知识的溢出。这种促进作用不仅指文化部门内部，还包含了文化产业与其紧密相关的不同部门之间。

多数研究通过传统渠道（如宽带网络等）和移动设备两方面来连接互联网（Tao et al.，2019）。2012—2014 年，中国移动设备的渗透率几乎达到了顶峰水平，通过移动设备连接网络的比重在几年间迅猛提升，并在 2014 年达到了惊人的 85.8%[①]。为了识别城市的网络条件，本章建立了两个指标，即互联网终端用户数量除以城市人口，以及手机用户数量除以城市人口。在下文的实证处理中，本书将这两个指标综合起来，用以考察交流的便利性如何影响文化产业的集聚经济。

交通基础设施对于城市的经济活动是至关重要的，它同时也直接影响着人们面对面交流的便利性。便利的交通节省了通勤时间，例如人们去上班工作，本身也充满着面对面的交流，进而完成自己的工作，可以想象，如果人们花在上班路上的时间少了一半，会多大程度地提高工作效率。本节预期交通基础设施越完善，艺术人员之间面对面的联结就越便利。本节还建立了多种测量方法来识别城市的交通发展情况。第一个指标是以所有交通方式运送旅客的人次除以城市人口；第二个指标是通勤时间在一小时内触及的人口除以城市人口；第三，鉴于中国飞速发展的高铁，本节计算了能够在一小时内通过开车或乘坐高铁触达的人口；最后，引入了城市的机场和港口（虚拟变量），与国际和国内市场的接近程度影响了一个城市在多大程度上能够享受临近市场带来的规模经济效应，从

---

① 关于具体的数据，可参见中国互联网信息中心发布的"Statistical Report on the Internet Development in China"，网址：http://cnnic.com.cn/IDR/ReportDownloads/201507/P020150720486421654597.pdf。

而表现出了地理与劳动生产率之间的关系(陆铭,2013)。本节将这些指标与核心集聚经济变量综合起来,即以交互项的形式形成新的集聚经济解释变量,以分析交通在文化产业集聚经济中的角色。表 6-1 报告了互联网与交通条件变量的描述及数据来源,表 6-2 报告了互联网与交通条件变量的统计性描述。

表 6-1　互联网与交通条件变量的描述及数据来源

变量名称	描述	数据来源
移动互联网发展水平(Mobile)	移动手机用户除以城市人口	城市/省份统计年鉴
交通条件(Transport)	运送旅客量除以城市人口	城市/省份统计年鉴
通勤情况(Vehicle)	能够在一小时内通勤触及的人口	城市/省份统计年鉴
通勤情况(Vehicle+HSR)	能够在一小时内乘坐车辆或高铁触及的人口	城市/省份统计年鉴
机场(Airport)	虚拟变量:是否拥有大型机场	城市/省份统计年鉴
港口(Port)	虚拟变量:是否拥有大型港口	城市/省份统计年鉴

表 6-2　互联网与交通条件变量的统计性描述

变量名称	N	Mean	Sd	Min	Max
移动互联网发展水平(Mobile)	10 874	3.483	0.85	−0.554	6.514
交通条件(Transport)	10 866	7.531	0.745	3.63	8.53
通勤情况(Vehicle)	10 874	7.83	0.866	3.63	8.87
通勤情况(Vehicle+HSR)	10 874	7.83	0.866	0.866	8.87
机场(Airport)	10 874	0.836	0.37	0	1
港口(Port)	10 874	0.453	0.498	0	1

表 6-3 报告了互联网和交通在集聚经济中角色的实证结果。在此,本节聚焦于交互项的分析。第 1 列和第 2 列的结果给出了关于多样化经济和网络可得性显著为正的交互项。这表明,一个城市的网络可得性显著改进了多样化经济对文化企业生产率的促进作用。城市的网络基础设施越发达,多样化集聚经济

越明显。同时,多样化经济的系数变小,在一定程度上从侧面反映了城市网络和通信能力所"赋能"的"远程"知识溢出构成了集聚经济的重要组成部分。

表6-3第3列显示了一个城市的总体交通条件发展情况直接影响了多样化经济的作用。第4列和第5列给出了高铁和车辆对应的通勤人口规模与多样化经济对于文化企业组织的交互作用,即城市的交通能力强化了多样化集聚经济,其中很大程度上是因为在更好的交通条件下,面对面交流的便利性显著增强,进而促进了多样化经济提高生产率的渠道作用。第6列给出了机场代表的航空交通条件也存在类似上述论点的证据。不过,城市是否有港口,并未在集聚经济渠道中扮演一个重要的角色。这并不令人意外,因为航运交通并不是中国主流城市的主要交通方式。

表6-3　网络接近程度、交通成本的回归结果

解释变量	互联网 (Internet)	移动互联网 发展水平 (Mobile)	交通条件 (Transport)	通勤情况 (Vehicle)	通勤情况 (Vehicle+ HSR)	机场 (Airport)	港口(Port)
	[1]	[2]	[3]	[4]	[5]	[6]	[7]
Density	-0.139***	-0.161***	-0.146***	-0.051	-0.036	-0.143***	-0.111**
	(0.041)	(0.044)	(0.044)	(0.061)	(0.060)	(0.053)	(0.045)
Specialization	-0.034	-0.072	-0.07	-0.059	-0.076	-0.023	-0.059
	(0.089)	(0.087)	(0.071)	(0.077)	(0.080)	(0.087)	(0.067)
与 *Specialization* 的交互项	0.086	-0.084	-0.011	-0.015	-0.027	0.139	-0.045
	(0.092)	(0.107)	(0.049)	(0.059)	(0.052)	(0.134)	(0.116)
Diversity	0.446*	0.276	0.389**	0.592***	0.643***	0.595***	0.408**
	(0.235)	(0.207)	(0.186)	(0.185)	(0.192)	(0.207)	(0.187)
与 *Diversity* 的交互项	0.283*	0.376**	0.207**	0.358***	0.341***	0.630**	0.26
	(0.152)	(0.165)	(0.094)	(0.111)	(0.103)	(0.265)	(0.211)
对应的交通成本变量	0.182***	0.264***	0.081**	0.032	0.011	0.288**	0.143**
	(0.065)	(0.084)	(0.033)	(0.058)	(0.048)	(0.124)	(0.073)
年份固定效应	是	是	是	是	是	是	是
省份—产业固定效应	是	是	是	是	是	是	是

（续表）

解释变量	互联网（Internet）	移动互联网发展水平（Mobile）	交通条件（Transport）	通勤情况（Vehicle）	通勤情况（Vehicle＋HSR）	机场（Airport）	港口（Port）
	[1]	[2]	[3]	[4]	[5]	[6]	[7]
样本	10 738	10 827	10 819	10 827	10 827	10 827	10 827
R-squared	0.176	0.176	0.173	0.174	0.174	0.173	0.173
聚类数	254	255	255	255	255	255	255

注：1. 稳健标准误（以城市层面进行聚类）在括号中，*** $p<0.01$，** $p<0.05$，* $p<0.1$；

2. 所有列的回归过程中均包含了全部的控制变量，包括 HHI、企业规模、企业身份、教育、FDI、省会城市虚拟变量以及常数项；

3. 所有回归模型均采用 GMM 方法。

总体而言，本节的实证分析进一步验证了，相较于专业化经济，多样化经济在文化产业集聚经济中所扮演的角色更为重要，同时也进一步验证了知识溢出在文化产业集聚促进生产率方面的重要性。

6.2 文化产业集聚研究中的空间尺度问题

6.2.1 地理层级的选择问题探讨

选取不同区域层级将对集聚经济的实证结果会产生本质影响，这也是众多文献对集聚经济的作用认识不同的重要原因之一（Beaudry and Schiffauerova，2009）。较多文献指出市级或县级层次是较好的选择（范剑勇，2006；刘修岩，2009；陈良文、杨开忠，2008），过高的区域层次会使集聚经济指标过小，无法准确反映集聚情况。诸多文献同时也认为中国各省份经济结构类似，因而省份可能不是完美的区域层次（薄文广，2007；李金滟、宋德勇，2008）。极端情况下，集聚经济可随距离变远而迅速减小。例如 Coll-Martínez（2019）以巴塞罗那的创意公司为样本，发现了创意公司的生产率与邻近位置的创意公司数量和产业多样化程度（1 000 米以内）存在正向关系，但随着距离变远，专业化经济和多样化经济则变得不显著。

　　然而，在现实中很难找出某一种层级作为衡量所有集聚经济的最优层级（Beaudry and Schiffauerova，2009），且因为文化产业制作和发行的特殊性，制造业领域的地理层级选择可能并不适用于文化产业。再者，研究尺度的增大对文化企业空间集中程度具有"稀释"作用，但"稀释"能力随着尺度的增大而减弱（刘振锋等，2016）。因此对于文化产业，市域或省域层级的选择存在不确定性。对于文化产业集聚研究中地理层级或空间尺度的选择，不同研究也并无定论（陶金、罗守贵，2019）。多数文献以区县或街道等空间尺度为主要考察层级。举例来说，已有研究对西安市文化产业发展和格局进行多空间尺度的分析（刘振锋等，2016），还有研究利用企业点密度数据分析了武汉市文创产业空间分布（罗蕾、田玲玲、罗静，2015）。上述例证表明，不同类型的文化创意产业在城市内确实存在分异（Scott，2000）。不过，这些单一地区或尺度的文献大多关注文化产业在较小区域内的空间分布特征，并无对更大范围内的全局研究，而且也并不是对集聚经济的计量分析和解释。再者，这些文献在分析空间分布时往往也忽略了文化企业的异质性。

　　另外，已有研究在省级、市级尺度等更大尺度下对文化产业的空间集中和分布进行了分析（文嫱、胡兵，2014；罗蕾、田玲玲、罗静，2015），这些研究多为单一尺度的局部研究，且由于统计数据等因素的限制，现有文献缺乏更大区域范围、更多尺度的融合研究，更缺乏以地级市为空间尺度的全局研究。因此基于以上考虑，本节在采用市域层级的同时也考虑了与省级层面的比较研究。实证结果发现也证实了在文化产业的特殊背景下，不同区域层次具有不同的集聚经济特征。

　　综上所述，本书发现这些文献缺乏对中国市域和省域两个尺度的全局研究。因而本书试图从更大的区域尺度揭示集聚经济对提高文化企业效率的作用。

6.2.2　不同地理层级的集聚经济实证分析

　　首先来看地级市水平的回归模型。相较于 5.3 节的核心实证模型，本书在本节两个地理层级的回归中采用工具变量法，利用滞后一期的集聚变量 A_{kt-1} 作为工具变量。为了解决遗漏变量带来的内生性问题，本节采用面板回归模型，应用企业固定效应，在最大程度上控制了遗漏变量问题。

　　本节应用全面的控制变量，来控制可能遗漏变量所带来的内生性问题，并聚焦于检验集聚经济。凡在必要之处,均在模型中加入了年份、产业和地区的固定效应,以控制时间、产业和地区的影响。因此考虑到样本中文化企业分布明显向东部集中,因此在回归时均对样本进行了加权处理。同时,在混合回归和工具变量法模型中,本节进行了省份层面的聚类处理,进而得到稳健标准误。引入工具变量的模型均通过了弱工具变量和过度识别检验,市域检验结果见表 6 - 4。

第 1 列运用混合回归模型进行分析,发现专业化经济并不显著,另一重要的集聚指标人口密度的作用对于文化产业也并不显著,但产业多样化显著正相关。第 2 列运用工具变量法(2SLS),利用滞后一期的集聚变量作为工具变量,结论与混合回归模型的结果较为一致。

表 6 - 4 第 3 列则是主要市域回归模型,即引入工具变量的企业固定效应模型。该模型最大限度地缓解因遗漏变量和互为因果而导致的内生性。从结果来看,第一,文化产业的专业化经济在城市范围内并不显著。在专业化经济的三种渠道中,中间品要素共享因素并不重要,而文化产业更多地根植于艺术人员要素的共享和创意的知识溢出,但是这两个渠道优势在较小的城市范围内似乎并不能充分发挥出来。第二,固定效应模型下的多样化经济从统计意义上来看,在 5% 置信水平上显著,且相较于混合回归模型,在经济意义上更加显著。这反映了在城市中,多样化的产业和服务能够在更加邻近的地理位置之间,为创意的产生提供更多的渠道,而人口密度的显著正向作用,也进一步验证了全行业就业集聚经济比文化产业内部的就业规模更显著。

表 6 - 4 第 4 列则利用劳动生产率替换 TFP,重新利用固定效应进行回归。与 TFP 不同的是,劳动生产率包含了除劳动以外的所有影响生产的因素,因而能够在一定程度上反映企业资本的作用。劳动生产率的结果与 TFP 也较为一致。总之,无论是统计意义还是经济意义上,这四种模型的回归结果都具有较高的一致性,且与核心实证模型表 5 - 3 的结果相似,回归结果是稳健的。

表 6 - 4　市域回归结果

被解释变量	OLS	工具变量法（2SLS）	工具变量法 & 企业固定效应	劳动生产率
	[1]	[2]	[3]	[4]
$Specialization_{t-1}$	0.006			
	(0.064)			
$Diversity_{t-1}$	0.061***			
	(0.023)			
$Specialization$		−0.013	−0.113	−0.137
		(0.042)	(0.183)	(0.187)
$Diversity$		0.052**	0.262**	0.278**
		(0.020)	(0.117)	(0.120)
$Density$	0.027	0.017	1.943***	1.965***
	(0.065)	(0.052)	(0.660)	(0.680)
HHI	0.589	0.565	0.274*	0.280*
	(0.438)	(0.401)	(0.148)	(0.151)
$Size$	0.261***	0.202***	0.269***	0.262***
	(0.024)	(0.010)	(0.024)	(0.025)
年份固定效应	是	是	是	是
产业固定效应	是	是	否	否
省份固定效应	是	是	否	否
企业固定效应	否	否	是	是
Cragg-Donald Wald F 统计量	—	9 904.634	103.411	103.411
Kleinbergen-Paap 检验	—	318.78	—	—
Sargan 检验（P 值）	—	0	0	0
样本	9 987	9 987	9 987	9 987
R-squared	0.269	0.483	0.024	0.027

注：1. 稳健标准误（以省份层面进行聚类）在括号中，*** $p<0.01$，** $p<0.05$，* $p<0.1$；

2. 回归模型经过加权处理（权重为样本中的文化产业就业总数除以各省市文化产业就业总体）；

3. 回归模型进行了城市—年份的聚类处理；

4. 所有列的回归过程中均包含了全部的控制变量，包括教育、FDI、省会城市虚拟变量以及常数项。

表 6-5 给出了省域集聚经济的回归结果。与表 6-4 类似,表 6-5 第 1 列运用混合回归模型进行分析。第 2 列运用工具变量法(2SLS),利用滞后一期的集聚变量作为工具变量。第 3 列则是本节的主要市域回归模型,即引入工具变量的企业固定效应模型。第 4 列则利用劳动生产率替换 TFP,重新利用固定效应进行回归。同样,本节在模型必要时加入相应的时间、产业和省份固定效应。其中只有第 2 列的 2SLS 模型中主要集聚变量并不显著,这可能与省域范围内集聚变量的互为因果内生性减小有关(企业在省内不同城市之间的搬迁并不改变省域集聚变量)。

总体来看,文化产业的专业化经济作用在省域层级显然比地级市层级更显著。如上所述,艺术人员要素的共享和创意的知识溢出十分重要,而随着通信和社交技术水平提升,这两种渠道可以在越来越大的地域范围内发挥作用。中国的很多国有文化企业为省级单位,文化企业之间的合作自然也在省内进行,进而从业人员在省域层级上的交流和合作更为频繁和日程化。本书认为,这也是从省份层级看文化产业就业规模对企业效率正向作用的原因。

多样化经济在统计意义和经济意义上均不显著,进一步验证了在城市中,多样化的产业和服务在更加邻近的地理位置之间为创意的产生提供了更多的条件。在固定效应下,人力资本外部性显著,显示了更大地理范围内高素质人才在省内集聚和共享的现象。

表 6-5　省域回归结果

解释变量	OLS	工具变量法 (2SLS)	工具变量法 & 企业固定效应	劳动生产率
	[1]	[2]	[3]	[4]
$Specialization_{t-1}$	0.242**			
	(0.115)			
$Diversity_{t-1}$	−0.001			
	(0.035)			
$Specialization$		0.480	0.726**	1.592***
		(0.316)	(0.369)	(0.485)

（续表）

	OLS	工具变量法 （2SLS）	工具变量法 & 企业固定效应	劳动生产率
Diversity		−0.011	−0.034	−0.037
		（0.022）	（0.025）	（0.028）
Density	0.156	0.027	−0.442	−0.441
	（0.246）	（0.514）	（0.561）	（0.638）
HHI	0.434***	0.353***	0.148	0.863***
	（0.106）	（0.088）	（0.126）	（0.230）
Size	0.212***	0.216***	0.245***	0.203***
	（0.007）	（0.006）	（0.020）	（0.033）
年份固定效应	是	是	是	是
产业固定效应	是	是	否	否
省份固定效应	是	是	否	否
企业固定效应	否	否	是	是
Cragg-Donald Wald F 统计量	—	157.05	76.61	76.61
Kleinbergen-Paap 过度识别检验	—	1.34	—	—
Sargan 检验（P 值）	—	0	0	0
Observations	10 842	10 842	10 842	10 842
R-squared	0.269	0.483	0.028	0.033

注：1. 稳健标准误（以省份层面进行聚类）在括号中，*** $p<0.01$，** $p<0.05$，* $p<0.1$；

2. 回归模型经过加权处理（权重为样本中的文化产业就业总数除以各省市文化产业就业总体）；

3. 回归模型进行了省份—年份的聚类处理；

4. 所有列的回归过程中均包含了全部的控制变量，包括教育、FDI、省会城市虚拟变量以及常数项。

6.3　文化产业集聚经济的空间效应

在集聚过程中,中国各省份的发展情况并不相同,形成了文化产业空间发展的不平衡,这与各地的经济发展水平相关,也与历史文化资源禀赋差异有关,而各地与邻近地区的经济文化竞争也进一步使得这种不平衡现象复杂化。这就产生了将空间关系因素加入分析框架中的必要性,Ko and Mok(2014)从城市和省份层面考虑了不同区域互相作用下的文化产业集聚,从他们的实证结果来看,城市和省份之间在一定程度上都存在互相影响。区域文化产业的发展依赖于在其他地方不可轻易复制的当地特质(Bassett et al.,2002),同时也受邻近地区文化产业的辐射和吸附。由此,地理等因素会影响文化企业的效率,进而会对各地区文化产业发展带来实质性的影响。同时,地区间的文化产业发展也会互相影响各地区文化企业的市场竞争。

不过,以上研究并未涉及集聚经济,即空间因素影响下的集聚能否为文化产业和企业带来效率增进。因此,本节基于空间计量经济学的研究视角,通过全局空间自相关 Moran's I(莫兰指数)分析、空间关联局域指标(LISA 模型),以及纳入空间因素的集聚与地区文化产业和文化企业效率的计量经济模型,试图揭示区域之间的交互对文化产业发展的影响。另外,本节实证研究发现,各省份文化产业集聚现象与制造业产业集聚有所区别:经济发展水平较高的东部地区的文化集聚优势并不明显,相反,诸多中西部省份拥有较高的集聚水平,同时这些省份的文化产业发展也形成了空间互补的态势。

6.3.1　空间集中程度

为了探寻文化产业的空间集聚特征,通过区位基尼系数测度 2008—2016 年全国(31 个省份)文化产业的相对就业规模在地理空间上的集中状况,从总体上考察文化集聚在地理空间上的变化趋势。计算公式如下:

$$G = \frac{1}{2 n^2 \overline{E}} \sum_{i=1}^{n} \sum_{j=1}^{n} | E_i - E_j | \tag{6-1}$$

其中,G 是区位基尼系数;$n=31$,代表省域总数;$\overline{E}$ 代表变量 E_i 的均值,G 的值在 0～1 之间。系数 G 值越大,表明文化产业在全国范围内资源更集中。图

6-1显示,文化产业人力资源分布相对较为平均,基尼系数长期稳定在 0.2 左右。这可能源于文化产业的特殊性:一个地区的文化产业发展除了受经济因素影响外,还和地区历史文化发展情况密切相关,例如众多中西部城市拥有独特的历史景观、文化习俗,从而能够增强文化认同感和吸引外部关注。

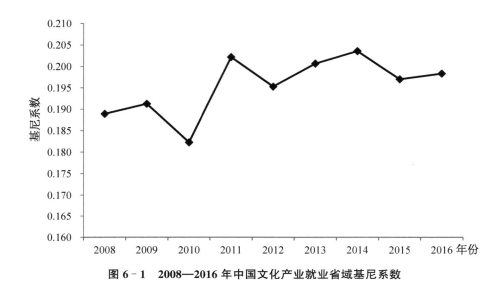

图 6-1　2008—2016 年中国文化产业就业省域基尼系数

6.3.2　全局空间自相关分析

利用全局 Moran's I 指数检验文化产业就业规模是否存在空间依赖性,进而揭示文化集聚的全局空间相关性。

$$I = \frac{n \sum_{i=1}^{n} \sum_{j=1}^{n} w_{ij}(E - \overline{E})(E_j - \overline{E})}{\sum_{i=1}^{n} \sum_{j=1}^{n} w_{ij} \sum_{i=1}^{n} (E_i - \overline{E})^2} \qquad (6-2)$$

其中,E 指各省份文化产业就业所占全部就业的比例,w_{ij} 指各省份的二进制空间权重矩阵 W 中的元素。当 $w=1$ 时,i 省份和 j 省份相邻;当 $w=0$ 时,i 省份和 j 省份不相邻。Moran's I 的取值在 −1 至 1 之间,对于该指数的显著性检验,可应用标准化统计量 Z。在 Z 值显著的前提下,若 Moran's I>0,表明各地文化产业就业资源分布正相关,文化创意人才在全国范围内分布得更集中;若

Moran's I<0,表明各地文化产业就业资源分布负相关,各地区的文化就业分布也趋于分散;若 Moran's I 趋于零,表明文化就业在空间分布上较为随机。

接下来,对各省份文化产业就业进行 Moran's I 统计检验。2016 年 Moran's I 为 0.157,Z 统计量为 2.134,通过了 5% 水平的显著性检验,表明各地文化产业的发展表现出空间依赖特征。从动态变化来看,如图 6 - 2 所示,Moran's I 呈现波动中上升的总体趋势,且显著性持续增加。这表明中国文化产业集聚一定程度上在加深。

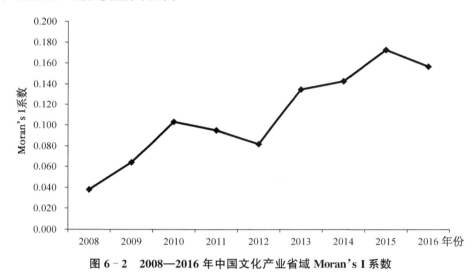

图 6 - 2　2008—2016 年中国文化产业省域 Moran's I 系数

6.3.3　局部空间自相关分析

通过进一步测算空间关联局域指标(LISA),可以发现与全局自相关分析有所不同的区域文化产业集聚特征。首先,构建局部 Moran's I,即

$$I_i = \frac{n(E_i - \overline{E}) \sum\limits_{i=1}^{n} w_{ij}(E_j - \overline{E})}{\sum\limits_{i=1}^{n} (E_i - \overline{E})^2} = z_i \sum\limits_{j=1}^{n} w_{ij} z_j \qquad (6-3)$$

其中,w_{ij} 构成行标准化的空间权重矩阵,用 $z_i = \dfrac{n(E_i - \overline{E})}{\sum\limits_{j=1}^{n} (E_i - \overline{E})^2}$ 表示 E_i 的标准化值,$z_j = (E_j - \overline{E})$ 表示与省份 i 相邻的文化就业标准化值。局部Moran's

I 衡量的是局域集聚特征与其周边地区的相近（正相关）或差异（负相关）程度。根据 I_i 的计算结果，绘制以 $(z_i, \sum_{j=1}^{n} w_{ij}z_j)$ 为笛卡尔坐标系统坐标点的 Moran's I 散点图。其横轴对应中心省域 i 文化就业的标准化值 z_i，纵轴对应空间滞后变量，即与省份 i 相邻所有省份文化就业的加权平均值 $\sum_{j=1}^{n} w_{ij}z_j$。

Moran'I 散点图将各省文化产业集聚特征划分为四个象限的集聚模式：第一象限（HH）表示中心省份与邻近省份的文化产业规模都较大；第二象限（LH）表示中心省份文化就业水平较低，而其邻近省份规模较大；第三象限（LL）表示中心省份与邻近省份的文化就业规模都较小；第四象限（HL）表示中心省份文化就业规模较大，而邻近省份则较小。因此，第一和第三两个象限内的区域文化集聚空间正相关；而第二和第四这两个象限内的省份存在较强的空间负相关。

如图 6-3 所示，2015 年，大多数省份位于第一和第三象限，验证了全局 Moran'I 显著为正的结果。然而，与制造业等传统产业集聚特征不同的是，上海、江苏、浙江、广东等经济发达地区尽管拥有文化产业的绝对规模优势，但与它们各自的其他产业相比，文化产业集聚并非典型现象。相反，宁夏、青海甚至西藏虽然文化创意人员的绝对数量不多，但文化产业都是本区域的相对优势产业。

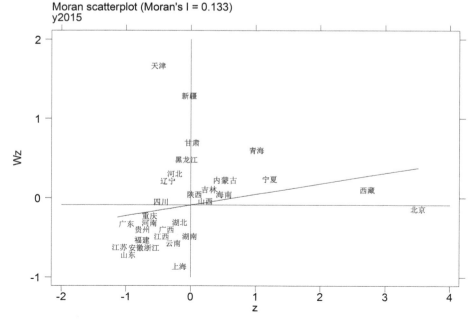

图 6-3　2015 年中国文化产业省域 Moran's I 省份分布

　　综上所述,全局和局部空间自相关分析都验证了中国文化产业集聚具有空间依赖性。同时,虽然东部地区拥有更好的现代文化产业发展基础和较大的绝对规模,但文化产业在众多中西部区域呈现了更大的集聚潜力。那么,文化产业集聚的潜力能否转化成集聚经济,进而对文化企业和产业效率产生促进作用?有鉴于此,本节采用空间计量模型,从微观(企业)和产业两个维度研究文化产业集聚经济。

　　采用面板数据模型研究文化集聚经济,公式如下:

$$TFP_{it} = \alpha\delta A_{t-1} + \beta HHI_{it} + \delta X_{it} + \varepsilon_{it} \tag{6-4}$$

　　其中,TFP_{it} 表示区域 i 中企业或产业的全要素生产率(TFP),其中企业生产率采用区域文化企业 TFP 的百分位数,以揭示各个效率水平下的企业如何受集聚经济影响。在文化产业中,TFP 可被视为艺术家创意和企业创意资本的艺术创造。采用工具变量法,利用滞后一期的集聚变量 A_{kt-1} 作为工具变量。HHI_{it} 是市场竞争变量(赫希曼-赫芬达尔指数),用以控制集聚中的企业竞争效应,X_{it} 是区域控制变量。参数 α、β 和 δ 待估计,ε_{it} 是残差项。另外,为了解决遗漏变量带来的内生性问题,采用面板回归模型,最大程度上控制了遗漏变量问题。

　　当存在空间自相关性时,简单的面板模型并不能控制空间依赖的影响,因此需要空间计量模型。接下来,分别构建文化产业集聚的空间滞后模型(SLM)和空间误差模型(SEM),用以分析文化产业集聚与文化企业生产率之间的关系。

　　其中,SLM 模型主要考察变量的空间相关性,主要揭示变量在相邻地区是否存在明显的溢出效应,用以考察区域文化产业效率是否受相邻区域效率的影响,其回归方程为:

$$TFP_{it} = \rho \sum_{j \neq i}^{n} w_{ij} TFP_{jt} + \alpha A_{it-1} + \beta HHI_{it} + \delta X_{it} + \varepsilon_{it} \tag{6-5}$$

　　其中,w_{ij} 是空间权重矩阵中的元素。但对于企业生产率,相邻两区域的互相影响可能较小,其空间自相关性有待后续的实证分析中进一步验证。

　　SEM 模型重在考察存在误差扰动项的空间依赖性,主要揭示相邻地区对变量误差的影响对本地观测值的影响程度,其回归方程为:

$$TFP_{it} = \alpha\delta A_{it-1} + \beta HHI_{it} + \delta X_{it} + \mu_{it} \tag{6-6}$$

$$\mu_{it} = \lambda \sum_{j \neq i}^{n} w_{ij} \mu_{jt} + \varepsilon_{it} \tag{6-7}$$

其中，λ 是空间误差自回归系数，若 λ 显著，表明相邻区域观测值能够对本省份观测值产生影响。μ 为服从正态分布的白噪声。

除上述两种空间计量模型外，空间杜宾模型也适用于本节的研究视角，因为该模型的建模方式是：区域 i 的被解释变量（效率）受本区域文化产业集聚影响，而本区域又依赖相邻区域的集聚特征。其回归方程为：

$$TFP_{it} = \delta \sum_{j \neq i}^{n} w_{ij} A_{jt-1} + \alpha A_{it-1} + \beta HHI_{it} + \delta X_{it} + \varepsilon_{it} \qquad (6-8)$$

表 6-6 的全局 Moran'I 和 LISA 检验结果表明，中国各省文化产业集聚存在明显的空间自相关性。在进行空间计量回归前，需要通过 LM 检验确定选择合适的模型。对文化集聚经济进行 OLS 回归，结果如表 6-6 所示，专业化和多样化经济在 OLS 模型中均在 5% 置信水平下显著。其中，专业化不论在经济意义上还是统计意义上，都比多样化更为显著。这表明文化产业自身的集聚对于提升文化企业效率的作用，比来自其他服务业的帮助更加明显。此外，城市人口规模、服务业 FDI、互联网的作用也都较为显著，表明区域市场、城市开放度、通信基础设施对文化企业效率整体水平有促进作用。

表 6-6　文化产业空间计量模型回归结果

省域文化企业 TFP 中位数	系数	标准差	t 值	p 值
Density	0.103	0.051	2.01	0.048
Specialization	0.234	0.091	2.56	0.012
Diversity	0.056	0.028	2.03	0.046
HHI	0.215	0.163	1.32	0.192
FDI	0.05	0.027	1.86	0.066
Internet	0.033	0.215	0.15	0.879
常数项	1.92	0.5	3.84	0
LM 检验	统计量	自由度	p 值	
Spatial error:				
Moran's I	1.921	1	0.055	
Lagrange multiplier	1.547	1	0.214	
Robust Lagrange multiplier	2.056	1	0.0952	

（续表）

LM 检验	统计量	自由度	p 值
Spatial lag：			
Lagrange multiplier	0.011	1	0.916
Robust Lagrange multiplier	0.52	1	0.471

6.4　关于国有企业样本偏误的解决方案

根据第 4 章 4.3.4 部分关于国有企业样本偏差及其解决方法的讨论,本节进行了实证检验。表 6 - 7 中的第 1 列至第 4 列报告了利用不同产出衡量指标的核心实证模型结果。具体而言,第 1 列和第 2 列使用了劳动生产率和工资作为被解释变量。实证结果依然体现了经济意义和统计意义上显著的集聚经济(城市化经济),且集聚经济的大小与表 5 - 3 的第 7 列相似。这表明了有利于国有企业的资本市场对模型的影响并不是根本性的。

表 6 - 7 第 3 列和第 4 列报告了当被解释变量换成用以衡量企业规模发展的产出(收入)和资产规模等指标时的结果。不论是专业化还是多样化,集聚经济对国有文化企业的产出和资产规模都没有显著促进作用,这在一定程度上消除了前文所述的另一个顾虑,即并没有足够的证据表明国有企业拥有除了利润以外的其他经营目标。总体而言,表 6 - 7 的实证结果进一步验证了以产业多样化为代表的文化产业集聚经济,在国有企业样本偏差的影响下依然稳健的事实。

表 6 - 7　样本偏误的处理结果

生产率指标	劳动生产率	工资	营业总收入	资产规模
解释变量	[1]	[2]	[3]	[4]
Density	−0.130***	−0.113**	−0.053	0.080**
	(0.049)	(0.047)	(0.042)	(0.037)
Specialization	−0.049	−0.043	−0.032	0.02
	(0.068)	(0.056)	(0.062)	(0.068)
Diversity	0.417**	0.470***	0.208	−0.213
	(0.174)	(0.156)	(0.147)	(0.137)

（续表）

生产率指标	劳动生产率	工资	营业总收入	资产规模
解释变量	[1]	[2]	[3]	[4]
年份固定效应	是	是	是	是
省份—产业固定效应	是	是	是	是
观测值	10 827	10 770	10 827	10 827
R-squared	0.227	0.193	0.66	0.505
聚类数	255	254	255	255

注：1. 稳健标准误（以城市层面进行聚类）在括号中，*** $p<0.01$，** $p<0.05$；

　　2. 所有列的回归过程中均包含了全部的控制变量，包括 HHI、企业规模、企业身份、教育、FDI、省会城市虚拟变量以及常数项；

　　3. 所有回归模型均采用 GMM 方法。

　　另一个关于国有企业样本选择偏差的问题需要被解释，即样本企业的区域分布问题。2012 年，样本中有 3 165 家文化企业地处东部地区，有近 1 000 家文化企业落脚于中西部和西部地区。由于政府补贴等政策扶持会帮助国有文化企业在业务并不是很多的西部地区存活（王小鲁，樊纳，胡李鹏，2017），不免会引起样本权重被高估的担忧。为此，本书对每一个观测值赋予一个权重，这个权重应用了各自城市的全体产业就业规模这一指标。这种赋权方法使得中国西部地区的文化企业权重减小，一定程度上缓解了样本权重带来的影响。表 6-8 的第 1 列报告了赋权后的回归结果。回归结果再一次与前文的回归模型保持了较好的一致性。

　　以上的两个措施一定程度上缓释了样本偏差带来的回归模型偏误的问题。但这些似乎仍然不具有完全的说服力。为此，本书进一步尝试解决这一问题。根据市场化指数（Marketization Index，MI），按照省份层级将样本分为两类。根据 Wang，Fan，Yu（2017），市场化指数评估一个省份五个方面的市场化程度：①政府与市场之间的关系；②非公有制经济部门的发展水平；③最终产品市场的发展水平；④要素市场的发展水平；⑤制度环境和社会中介组织。市场化指数越大，表明这个省份的市场受到政府的干预越小，国有企业数量占比越小，产品和要素市场更加自由，知识产权保护越完善。我们预期，在市场化指数较大的省份中的国有文化企业，其除了利润以外的经营目标就更为次要。本节对高低两个分组样本分别进行回归,结果在表 6-8 中的第 2 列和第 3 列中。回归方程中依然采用 TFP 作为被解释变量①。实证结果显示,本书在市场化指数较高的分组中,发现了比前述结果更大的城市化经济,而在较低市场化指数分组中,没有发现统计意义上显著的城市化经济效应。同时,尽管都不显著,但市场化指数较高的省份中,专业化经济相对更大。

这表明在文化体制改革深化的背景下,如果国有文化企业进一步市场化和参与竞争,甚至有机会私有化,并且受到政府的干预更少,则集聚经济的效果可以更加彻底。与前文所述的思路一致的是,本书对于文化产业集聚经济的估计确实是较为保守的。集聚经济还有较大潜力发挥更大的作用。

表 6-8　样本偏误的处理结果

解释变量	赋权	高 MI	低 MI
	[1]	[2]	[3]
Density	−0.136**	−0.088	−0.103*
	−0.055	−0.07	−0.054
Specialization	−0.014	0.033	−0.038
	−0.073	−0.093	−0.095
Diversity	0.467**	0.526**	0.265
	−0.186	−0.238	−0.202
年份固定效应	是	是	是
省份—产业固定效应	是	是	是
观测值	10 827	8 116	2 711
R-squared	0.172	0.187	0.139
聚类数	255	149	106

注:1. 稳健标准误(以城市层面进行聚类)在括号中,** $p < 0.05$, * $p < 0.1$;

　　2. 所有列的回归过程中均包含了全部的控制变量,包括 HHI、企业规模、企业身份、教育、FDI、省会城市虚拟变量以及常数项;

　　3. 所有回归模型均采用 GMM 方法。

---

① 本书也针对其他不同的产出指标进行了回归分析,得到了较为一致的结果,不再具体在文中列示。

6.5 市场力量、利润加成与生产率

本书中的生产率估计与典型文献类似，是基于收入（增加值）的，而收入（增加值）包含了观测不到的价格因素。若更加有效率的厂商给出了更低的定价，则真实生产率（Physical Productivity，或称为实质生产率）会向下浮动（Foster，Haltiwanger and Syverson，2008；Marin and Voigtländer，2013）。因为集聚经济在影响真实生产率的同时，也通过集聚外部性和价格竞争来影响企业的利润加成（Markups），这两种因素谁大谁小，将导致本书所估计的生产率存在被高估或低估的可能。

根据 Marin and Voigtländer（2013）的研究，本节把用收入衡量的生产率（$TFPR_{it}$）设定为：

$$TFPR_{it} = P_{it} + TFPQ_{it} = \mu_{it} + MC_{it} + TFPQ_{it} \qquad (6-9)$$

其中，P_{it} 是产出价格，MC_{it} 是边际成本，$TFPQ_{it}$ 是以产量衡量的真实生产率。μ_{it} 是企业层面的加成，这里采用价格—成本比率（Price-cost Ratio）来衡量，这一指标旨在吸收观察不到的价格因素，同时考察价格竞争的因素。由此，我们可以估计不受价格变化影响的真实生产效率增进。具体而言，估计出 μ_{it}，并计算 $TFPR_{it} - \mu_{it}$，便可得到真实生产率。

本节应用 De Loecker and Warzynski（2012）的方法来估计企业的利润加成。首先有生产函数为 $Q_{it} = Q(L_{it}, K_{it}, \omega_{it})$。将成本最小化，得到关于 L_{it} 的以下一阶条件：

$$\frac{\partial L_{it}}{\partial L_{it}} = \omega_{it} - \lambda_{it} \frac{\partial Q_{it}(.)}{\partial L_{it}} = 0 \qquad (6-10)$$

其中，λ_{it} 是拉格朗日乘子，其等于 $\frac{\partial L_{it}}{\partial Q_{it}}$。将 $\lambda_{it} = \frac{\partial L_{it}}{\partial Q_{it}}$ 代入上式，整理方程可得：

$$\mu_{it} = \frac{\theta_{it}^{L}}{\alpha_{it}^{L}} \qquad (6-11)$$

其中，θ_{it}^{L} 是关于劳动要素的产出弹性，可从生产函数估计中得到。α_{it}^{L} 代表了增加值中劳动要素支出的份额，可直接根据样本中的工资等数据进行计算得到。由此，可以估计文化企业的利润加成 μ_{it}。

在得到 μ_{it} 的估计值后,产业集聚对 μ_{it} 的效应,以及对"加成调整"后的真实生产率的效应,可直接通过以上各节的估计方法得到。

相关实证结果显示在表 6-9 中。表 6-9 中,本节剔除了劳动报酬份额大于 1 的样本和少数缺失工资数据的样本。第 1 列和第 2 列报告了全样本结果,显示出文化产业的城市化经济使得企业的利润加成减小,但提高了真实的生产率水平。文化企业在集聚中获得了明显效率增进,进而将这种效率增进通过收取更低的利润加成向消费者传导。由此可以判断,当生产率以现价收入来衡量时,效率的增进确实被低估了。在第 3 列和第 4 列中,本节删除了利润加成比例排名前 5% 和后 5% 的样本,以最大程度减少异常值对估计过程质量的影响,所得到的结果也与第 1 列和第 2 列一致。

另外,国有文化企业享受到更优惠的政策扶持的情况下,它们可能在区域竞争中受到或多或少的保护。样本中某些国有文化企业甚至能够在定价低于其边际成本的情况下长期存活。为此,第 5 列和第 6 列报告了加成率小于 1 的企业的实证结果,并未发现负面竞争效应的证据。因此可以判断,这些国有文化企业在一定程度上得到了保护[①]。而对于样本中加成率大于 1 的其他企业,本节的结果显示城市化经济强化了竞争,进而压低了价格和加成率。因此,它们的生产率增进被以收入衡量的生产率数据所低估。

表 6-9 利润加成的回归结果

解释变量	全样本		90%样本		Markup<1		Markup>1	
	Markup	真实生产率	Markup	真实生产率	Markup	真实生产率	Markup	真实生产率
	[1]	[2]	[3]	[4]	[5]	[6]	[7]	[8]
Specialization	0.003	0.004	−0.019	0.008	0.002	−0.113	−0.001	0.014
	(0.035)	(0.050)	(0.027)	(0.049)	(0.013)	(0.143)	(0.038)	(0.049)
Diversity	−0.143*	0.348**	−0.107**	0.334***	−0.029	0.748*	−0.142*	0.374***
	(0.079)	(0.137)	(0.051)	(0.125)	(0.031)	(0.391)	(0.082)	(0.134)
年份固定效应	是	是	是	是	是	是	是	是

① Lu,Tao and Yu(2014)在中国制造业中也发现了类似的证据。

（续表）

解释变量	全样本		90%样本		Markup<1		Markup>1	
	Markup	真实生产率	Markup	真实生产率	Markup	真实生产率	Markup	真实生产率
	[1]	[2]	[3]	[4]	[5]	[6]	[7]	[8]
省份—产业固定效应	是	是	是	是	是	是	是	是
样本	14 678	14 678	13 202	13 202	1 117	1 117	13 561	13 561
R-squared	0.087	0.097	0.093	0.103	0.006	0.055	0.08	0.105
聚类数	261	261	257	257	169	169	258	258

注:1. 稳健标准误(以城市层面进行聚类)在括号中,*** $p<0.01$,** $p<0.05$,* $p<0.1$;

　　2. 所有列的回归过程中均包含了全部的控制变量,包括人口密度、HHI、企业规模、企业身份、教育、FDI、省会城市虚拟变量以及常数项;

　　3. 所有回归模型均采用 GMM 方法。

同时,本节还应用前文分析中的市场化指数,根据前文高、低市场化指数的两类分组,进一步对利润加成的影响进行分析。表6-10第1列和第2列报告了市场化程度较高的地区中企业的实证结果。在市场化程度较高的地区,城市化经济减少了利润加成,同时提高了真实生产率水平。这表明企业的收入生产率同时来源于减少的利润加成和更高的真实生产率水平。文化企业在集聚中获得了效率的明显增进,进而将这种效率增进通过收取更低的利润加成向消费者传导。表6-10第3列和第4列报告了市场化程度较低的地区中企业的实证结果,与前文结果类似,并未发现负面竞争效应的证据。因此可以判断,这些国有文化企业在一定程度上得到了保护。需要再次强调的是,若国有文化企业进一步市场化和参与竞争,甚至有机会私有化,并且受到政府的干预更少,则集聚经济的效果可以更加彻底。同前文所述的思路一致的是,本书对于文化产业集聚经济的估计确实是较为保守的。集聚经济还有较大潜力发挥更大的作用。

表 6-10　利润加成、真实生产率的回归结果

解释变量	高 MI		低 MI	
	Markup	真实生产率	Markup	真实生产率
	[1]	[2]	[3]	[4]
Specialization	0.028	0.086	0.046	0.062
	(0.053)	(0.072)	(0.042)	(0.076)
Diversity	−0.262**	0.788***	0.107	0.027
	(0.124)	(0.195)	(0.092)	(0.146)
年份固定效应	是	是	是	是
省份—产业固定效应	是	是	是	是
样本	7 289	7 289	2 541	2 541
R-squared	0.062	0.148	0.085	0.077
聚类数	145	145	106	106

注:1. 稳健标准误(以城市层面进行聚类)在括号中,*** $p<0.01$, ** $p<0.05$;

2. 所有列的回归过程中均包含了全部的控制变量,包括人口密度、HHI、企业规模、企业身份、教育、FDI、省会城市虚拟变量以及常数项;

3. 所有回归模型均采用 GMM 方法。

6.6　行业异质性

核心层、外围层和相关层的文化产业有着不同的创意生成特征,其所受集聚经济的影响也有所不同。本节通过对不同细分领域的文化企业进行省域集聚经济回归,得到了表 6-11 的结果。其中,第 1 列为样本总体回归结果,第 2、3、4 列分别给出了相应细分文化产业的回归结果。在包括电影、艺术表演等更需要艺术创意的核心层文化产业中,文化企业享受了多样化经济,而外围层和相关层除了人口密度的显著效应以外,没有发现专业化经济和多样化经济。这表明广播电视电影、表演艺术等包含更多内容制作和创意的核心层文化产业,在产业多样化中获得了更多收益,而更偏向于制造业和生产性服务业的相关层文化产业获得了城市规模经济带来的收益(Tao et al.,2019)。总体上,行业异质性回归结果与核心实证模型的结果比较一致,进一步体现了稳健性。

表 6 - 11　行业异质性回归结果

解释变量	全样本	核心层	外围层	相关层
	[1]	[2]	[3]	[4]
Density	−0.442	−0.039	−0.01	0.196***
	(0.561)	(0.102)	(0.126)	(0.053)
Specialization	−0.028	−0.04	0.078	0.079
	(0.063)	(0.074)	(0.166)	(0.128)
Diversity	0.436**	0.436**	0.231	0.362
	(0.175)	(0.195)	(0.504)	(0.280)
HHI	0.148	0.067	0.217	0.403**
	(0.126)	(0.299)	(0.216)	(0.194)
年份固定效应	是	是	是	是
省份—产业固定效应	是	是	是	是
Observations	16 260	9 044	1 932	5 284
R-squared	0.189	0.165	0.216	0.226
聚类数	262	248	145	172

注：1. 稳健标准误（以城市层面进行聚类）在括号中，*** $p<0.01$，** $p<0.05$；

　　2. 所有列的回归过程中均包含了全部的其他变量，包括人口密度、HHI、企业规模、企业身份、教育、FDI、省会城市虚拟变量以及常数项；

　　3. 所有回归模型均采用 GMM 方法。

6.7　稳健性检验

本节同时进行了细分样本的分析，以检查极端值是否带来了影响以及影响的大小。首先从数据库中排除了西部地区的企业样本，应用 GMM 方法重新进行估计。其实证结果显示于表 6 - 12 中的第 1 列。结果表明，城市化经济带来的生产率提高程度变大了，表明了城市化程度更高的中东部地区中，文化企业所受到的城市化经济影响更显著。

另外，本节排除了专业化和多样化指标排名前后 5% 的样本，旨在减少异常值对回归结果的影响。因为一个城市过高的专业化或多样化程度，可能反映了该城市文化产业发展的倾斜性政策和特殊地位,而这些因素均未被包括在模型的解释变量中,从而产生潜在的内生性问题。表 6-12 中第 2 列报告了排除极端值后的结果,可以发现其与前文的结果也保持一致。总体而言,本节的分析对于极端值来说也是稳健的。

表 6-12　剔除极端值的回归结果

解释变量	剔除西部样本	90%样本
	[1]	[2]
Density	−0.168***	−0.153***
	(0.061)	(0.051)
Specialization	0.020	−0.051
	(0.080)	(0.084)
Diversity	0.690***	0.600***
	(0.199)	(0.208)
年份固定效应	是	是
省份—产业固定效应	是	是
样本	8 947	10 460
R-squared	0.184	0.174
聚类数	189	233

注:1. 稳健标准误(以城市层面进行聚类)在括号中,*** $p<0.01$;

　　2. 所有列的回归过程中均包含了全部的控制变量,包括 HHI、企业规模、企业身份、教育、FDI、省会城市虚拟变量以及常数项;

　　3. 所有回归模型均采用 GMM 方法。

6.8　本章小结

在核心实证模型的基础上,本章拓展了集聚经济和市场集中效应的实证分析。

首先,创意的交流和知识溢出对文化产业的集聚经济较为关键。引入通信和交通基础设施异质性的回归结果表明,城市的网络基础设施越发达,多样化集聚经济越明显；在更好的交通条件下，面对面交流的便利性显著增强，进而促进了多样化经济提高生产率的渠道。

其次，本章拓展了文献中文化产业集聚的空间尺度和范围。在市域和省域的全局比较研究中，发现了不同地理层级下文化产业集聚经济存在不同机制。其中，市域的产业多样化经济明显，省域的专业化经济明显，进一步验证了在城市中，多样化的产业和服务在更加邻近的地理位置之间为创意的产生提供了更多的条件，同时，高素质人才在省内集聚和共享的现象也很明显。

最后，本章分析了空间因素影响下的集聚能否为文化产业和企业带来效率增进。中国各省份文化产业的发展显示出了显著的空间依赖特征。空间计量模型结果也显示了区域之间的产业集聚是互相促进的，控制空间自相关性的集聚经济同样显著。

另外，本章回应了第5章核心实证模型中由样本限制和中国文化产业、文化企业的实际情况造成的潜在偏误。

第一，提供了关于国有企业样本偏误的解决方案：①通过采用不同产出衡量指标、非产出指标重新进行回归，结果表明有利于国有企业的资本市场对模型的影响并不是根本性的；②通过赋权和引入市场化指数，调整样本以减少样本的区域分布偏误，结果显示东部地区、市场化程度更高的地区的集聚经济更为明显。

第二，回应了由市场力量和竞争扭曲等导致的内生性问题。当生产率以现价收入来衡量时，文化企业效率的增进被低估了。在控制价格水平的条件下，加成率更能够反映文化企业生产率的真实市场效应。回归结果显示文化产业的城市化经济使得企业的利润加成减小，但提高了真实的生产率水平。文化企业在集聚中获得了效率的明显增进，进而将这种效率增进通过收取更低的利润加成向消费者传导。

第三，针对极端值和文化产业异质性等问题进行了稳健性检验。其中，不同细分文化产业的集聚经济分析表明，在包括电影、艺术表演等更需要艺术创意的核心层文化产业中，文化企业享受了多样化经济，而外围层和相关层则没有发现任何显著的集聚经济效应。

第 **7** 章 中国文化产业集聚与市场集中的案例分析

与实证研究相呼应,本章对文化产业集聚与市场集中进行案例研究,主要包括三个部分:第 1 部分为 7.1 节,考察典型城市的文化产业集聚现象,包括上海的城市化经济、长沙的专业化经济和杭州的创意城市发展;第 2 部分为 7.2 节,主要通过美国电影产业中的一次著名反垄断判例,阐述美国电影产业的市场集中过程,为中国文化产业市场结构的变迁趋势提供启示;第 3 部分 7.3 节为本章小结。

7.1 中国文化产业集聚经济的不同因素案例分析

在第 5 章和第 6 章,本书均发现包括人口规模和产业多样化的城市化经济更能促进文化产业的集聚和效率。但对于具体城市文化产业发展的个案,人口密度、多样化经济、专业化经济以及城市的地方特质和政策取向,都是影响文化部门效率不可或缺的因素。本节分别以上海、长沙和杭州这三个文化产业集聚城市作为案例,分析不同因素对文化产业效率的影响规律。

7.1.1 上海文化产业的城市化经济

本书样本中的上海文化企业生产率在全国处于领先水平。在各省市中,上海的样本文化企业全要素生产率达到 1.881,排名第 1(见图 7 - 1)。在 209 个参与统计的城市中,上海的样本文化企业全要素生产率排名第 14 位,这些都体现了上海市文化市场的较高效率。

1)工商业促进文化产业发展

这一部分以上海市为例,分析大都市如何成为创意城市,进而通过城市化经

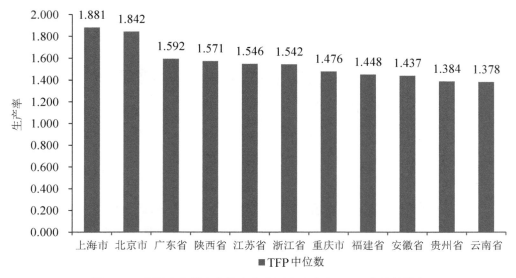

图 7-1　主要省市样本文化企业全要素生产率(TFP)中位数排名

济孕育和支持文化企业。上海是中国近代最发达的工业中心城市之一,发达的工业基础是上海文化创意产业的源头。由于从近代以来形成的租界和上海工业的历史原因,大批的工商业是沿着黄浦江和苏州河分布的。据不完全统计,这些沿江沿河的旧厂房建筑面积超过了 2 000 万平方米(花建,2011)。在沿江和沿河的工商业基础上,居民区自发形成,消费型服务业也开始兴盛。如今这些旧厂房都得到了改造,但工商业和消费服务业的传统得以保留和传承,例如黄浦江沿岸的创意产业区、苏州河沿岸创意产业带。这样就能充分发挥了文化产业在城市空间中的重生,培育了新兴文化企业和相应的集聚区,使城市的传统工商业空间发挥了促进文化发展的作用。

　　微观层面看,文化产业需要有独特创造性和理解能力的人才(栾强等,2016),而上海丰富多元的产业就业为此类型的人才成长提供了肥沃土壤。其次,本书的实证模型说明了文化产业的城市化经济主要来源于产业的多样化,同时多样化经济比专业化经济更加明显。相对于专业化经济,上海文化产业的多样化经济也更加明显。2017 年,上海产业多样化程度(赫芬达尔指数)在全国主要城市中排名靠前,但文化产业专业化程度并不领先(见图 7-2)。由此看来,上海文化企业的高效率更多来源于城市化经济中的产业多样化。

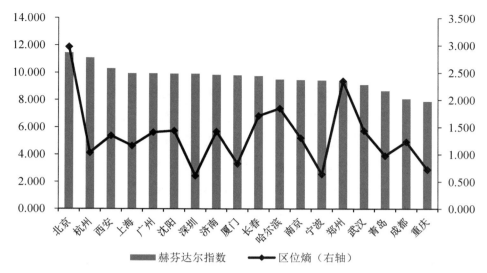

图 7-2　2017 年副省级以上城市文化产业赫芬达尔指数和区位熵

2)城市规模推动文化产业发展

改革开放以来,上海发展成为国际大都市,城市规模和多样化产业持续发展,同时带来了较高的人口密度和多样化的经济。

首先,上海的常住人口规模超过 2 400 万,人口的聚集导致文化企业生产率的提高幅度相比于制造业更多(Tao et al.,2019)。本书第 5 章的实证分析也说明了城市规模(人口密度)显著提升了文化产业集聚效率。

其次,在选择发展文化产业集形式(集聚区、集聚城市)时,上海作为大城市,可以不做取舍。一是上海的文化产业集聚城市建设尤为引人注目。集聚城市的发展,与上海文化创意产业作为新经济部门的兴起有着很大关系。这些新经济部门有着强烈的时代特征,尤其以艺术、信息、数据产业为盛,它们逐渐成为城市吸引其他部门就业的因素。二是上海致力于通过建立一系列的文化创意产业集聚区,与区域内的人文环境相结合,传承上海的工业发展。文化产业是在知识经济背景下形成的(花建,2007),在知识经济基础上,不同类型服务业的聚集也为文化企业在创新能力、知识资本、营销和财务支持等企业价值链管理提升方面起到了支撑作用(罗守贵、方文中,2016)。

3)以优势文化载体为核心集聚文化产业

在上海这个国际化城市中,存在大量独特的文化要素或载体,这些载体或要素过去并非属于文化产业本身，也没有引致文化产业的发育。但随着中国社会主义市场经济的推进，文化向文化产业的转化开始大规模发生。最为典型的就是影视院校中的文化专业密集的文化产业集聚。一个典型的案例是"环上大影视产业集聚区"。这里是上海市静安北部地区最重要的文化产业载体，核心功能围绕上海大学电影学院和温哥华电影学院两大知名影视学院展开，形成了完备的影视人才培养、影视剧本创作（创意）、影视制作（含摄制、后期制作）、影视发行、影视周边产品开发等影视全产业链。该集聚区不仅包括传统影视产品的开发，还包括新兴的多媒体产业，与上海多媒体谷、上海马戏城等功能形成了有效互动（见图 7－3）。

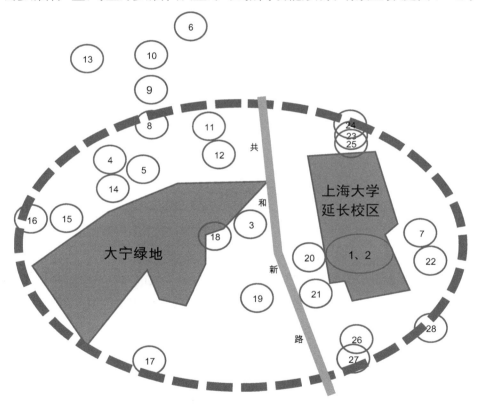

1. 上海大学电影学院；2. 上海温哥华电影学院；3. 上海马戏城；4. 麒麟影业；5. 大宁音乐广场；6. 新业坊尚影国际文化创意产业基地；7. 600 创意工坊；8. 709 媒体园区；9. 华丽达视听；10. 悦舜 959；11. 大宁德比易园；12. 珠江创意中心；13. 雍和创智广场；14. 东伽文化传播公司；15. 多媒体产业化基地；16. 申南文化创意园；17. 书刊交易市场；18. 马戏城中剧场；19. 上影 CGV；20. 全媒体培训学院；21. 上大建筑设计院；22. 彩虹雨创意园；23. 大宁剧院；24. 静安区文化馆；25. 中演文化艺术公司；26. 沪北电影院；27. 红墙创意园；28. 108 创意广场。

图 7－3　环上大影视产业集聚区

　　与北部"环上大影视产业集聚区"对应的另一个案例是南部的"环上戏演艺文化产业集聚区",它以上海戏剧学院(华山路校区)为核心,依托该校著名教授、艺术家和学员,同时整合周围的马兰花少儿艺术团、马兰花排演厅、TZ House 音乐现场、中福会儿童艺术剧院等著名演艺机构,积极发挥市场的作用,通过演艺空间的拓展和演艺公司的集聚,形成了集戏剧策划、创作、演出、营销、消费功能于一体的演艺文化产业集群(见图 7 - 4)。

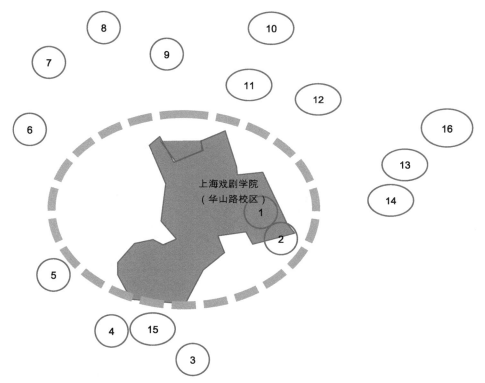

　　1. 秋雨文化基金;2. 余秋雨大师工作室;3. 马兰花少儿艺术团;4. 马兰花排演厅;5. 上海幕未文化传媒有限公司;6. 老约克·陆汉斌打字机博物馆;7. 五洋高尔夫教学中心长宁校;8. TZ House 音乐现场;9. 上海老年艺术教育指导中心;10. 上海文艺活动中心;11. 上海文艺知识产权司法鉴定中心;12. 上海旧梦主题演艺餐厅;13. 静安区文化馆;14. 威马摄像;15. 中福会儿童艺术剧院;16. 上海华侨大厦(2100座剧场)。

图 7 - 4　环上戏演艺文化产业集聚区

7.1.2 长沙文化产业的专业化经济

长沙的文化产业呈现了明显的集聚特征。2017 年,长沙文化产业实现增加值 902.6 亿元,同比增长 11.3%,文化产业增加值占 GDP 的比重为 8.84%,较上年提高了 0.17 个百分点。文化产业对长沙的经济贡献处于全国省会城市前列(长沙统计局,2018)。以就业为衡量指标,长沙的文化产业区位熵达到 2.167,在 2017 年全国文化产业集聚程度前十位城市中排名第三(见图 7－5)。尽管长沙市的服务业多样化程度较高,但其文化产业专业化更加明显。

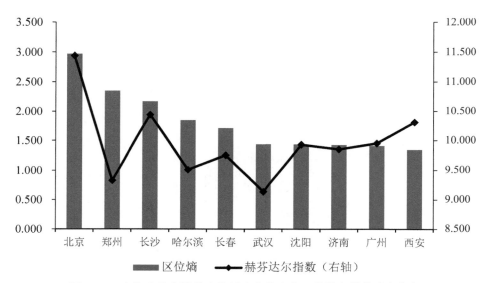

图 7－5　文化产业集聚前十位城市文化产业区位熵和赫芬达尔指数

长沙文化产业集聚是专业化经济下的特色产业,主要还有赖于以下四个重点发展的文化产业:广播电视业、烟花产业、出版业、印刷业。

1)广播电视业

广播电视业是长沙乃至湖南的特色产业。以湖南广播电视台、快乐阳光互动娱乐传媒和中广天择为代表的一批大型文化企业是长沙广电业的名片。其中,湖南卫视制作出了《快乐大本营》《天天向上》《我是歌手》、跨年晚会等一系列影响力很大的电视节目,在全国拥有众多的观众。

2)烟花产业

长沙是中国主要的烟花产业集聚区,2017 年长沙烟花产业增加值为 226 亿元,占全市文化产业总规模的 25%。烟花产业同时还带动文化旅游业发展,在文化产业内部的不同产业中形成多样化经济。

3)出版业

长沙的出版业素有"出版湘军"的美称,2017 年长沙出版业增加值达到 14.4 亿元,同比增长 8.6%,占比 1.6%。以中南传媒、天舟文化为首的出版集团是全国标杆出版企业。其中,中南传媒 2017 年图书出版业务在全国范围内的实体书店图书零售市场中,码洋市场占有率超过了 3.6%。

4)印刷业

长沙印刷业在湖南发达印刷业的基础上发展水平持续提高。同时,从娄底市新化县至全国各地的打印店等文化小微企业聚集,也在通过基层劳动力聚集的专业化经济和市场竞争效应等渠道持续反哺湖南以及长沙的印刷业发展。

7.1.3　杭州文化产业的创意城市基础

本书样本中的杭州市文化企业全要素生产率在全国 200 多个城市中排名第 19,位于前列。从本书计算的集聚经济指标对比来看,与上海类似,杭州文化企业的高效率也更多地来自产业多样化(见图 7 - 2),而产业多样化的背后,是杭州以服务业为主导、创意产业集聚为特色的创意城市发展。

1)创意产业集聚

杭州丰富的地方特质和历史文化对其创意城市的发展至关重要,并且尤其体现在手工业方面(UCCN,2012)。早在 2012 年,杭州作为手工艺与民间艺术之都,成功入选联合国"创意城市网络"。杭州"全国文化创意中心"的定位还被列入国务院批准实施的《长江三角洲地区区域规划》。杭州更为著名的是由西湖景区延伸出的自然和人文景观相结合的文旅产业。其中,以西湖为背景的大型山水实景"印象·西湖"成为杭州以传统文化生发出的创意产业的代表。

2)以高技术服务业为基础的服务业多样化

在传统文创产业发展基础上,更为前沿的创意产业加速发展。典型案例便是杭州文化产业一大特色的互联网和数字产业。2017 年杭州文化(包含创意)产业实现增加值 3 041 亿元,同比增长 19%,占 GDP 的比重为 24.2%,较上年提高 1.2 个百分点。如此高的 GDP 占比,背后是杭州的创意城市发展基础。其中,数字产业增加值达到 1 870 亿元,占总体文创产业规模 62%,占 GDP 的 14.9%,该产业同比增长 28.5%,增速已连续三年超过 28%。近年来,作为中国数字阅读大会的永久举办地,杭州数字产业强势发展,连续三年获得"中国十大数字阅读城市"荣誉称号。在数字产业中,阿里巴巴和网易等互联网和数字产业知名企业是杭州创意城市发展的名片。与此同时,众多数字和科技企业发展迅速(见表 7-1)。这些企业为杭州文创产业发展给多样化服务业提供了肥沃的土壤。

表 7-1　杭州互联网和数字产业的知名企业

阿里巴巴	爱学贷	电魂
网易科技	顺网	斯凯
蚂蚁金服	个推	亚信
蘑菇街	车猫网络	中软国际
挖财	飞奇科技	畅唐科技
51 信用卡	浙江网上银行	米折网
边锋科技	心有灵犀金融	微贷网
有赞科技	深信服	元宝铺
华数传媒	虹软科技	同盾科技
花瓣网	子主题	开始众筹
丁香园	IN	淘气档口
海康威视	华三	点我吧
恒生电子	数米基金	钢为网
曹操专车	网筑集团	米络科技
贝贝网	招银科技	二维火
同花顺	浙江大华股份	渡鸦科技
铜板街	宇视科技	

资料来源:作者整理。

7.2　电影产业的产业组织：市场集中的角度

本书第 5 章和第 6 章的实证分析表明，一方面，文化企业自身的规模能够带来效率的显著改善，而且中央文化企业明显比地方国有企业的生产率水平更高。另一方面，HHI 或 Markup 的系数显著为负，说明更为激烈的竞争伴随着更高的生产率水平，进而也表明了文化企业为了在激烈竞争中生存，必须通过扩张规模提高生产率。上述两者看似矛盾，却体现了中国文化部门的产业化进程在不断加深。

电影产业是新古典经济学理论框架下对文化产业研究的一个突破口，其形成的重要原因在于电影的高度产业化。电影产业作为世界八大艺术之一，具有高度的工业化和商业化特征。作为 20 世纪最重要的产业，电影产业兼具艺术、科学、工业和商业等多重行业特征。它在市场结构、产品经营模式、运营竞争等方面均与其他文化产业有所不同。其中，市场结构的变化更值得深入回溯。

全球的电影产业在近几十年来呈现出持续的市场集中趋势，为什么会产生如此现象？本节通过分析美国电影产业中著名的反垄断判例及其影响，阐述电影产业如何由分散化转向集中化，这能够为中国电影产业的市场集中进程提供发展先例。

7.2.1　派拉蒙诉讼案的判决问题

关于美国电影产业大企业的市场集中现象，有一起非常著名的反垄断判例，即"派拉蒙诉讼案"，全称"美利坚合众国诉派拉蒙公司案"，该诉讼案很好地阐释了电影产业的市场集中趋势，以及相关企业对规模扩张的强烈偏好。

"派拉蒙诉讼案"主要是指美国司法部对美国电影公司的合谋垄断行为的判决。此案影响深远，不仅直接改变了包括电影产业在内的文化产业巨头合并和垂直一体化趋势，也改变了当今文化产业的市场竞争结构。

在"派拉蒙诉讼案"之前，电影公司主要通过收购电影院的所有权并赋予其电影首映权的途径，推行垂直一体化。虽然电影公司绝不会仅仅在自身所拥有的电影院上映自己的影片，但是这种前向一体化有效指定了一个电影制作的进度，使每周固定更换每个剧院的排片表成为可能（Conant，1960）。

"派拉蒙诉讼案"的五个主要被告是 Loew's（洛氏公司，即后来著名的米高梅）、派拉蒙、雷电华电影公司（RKO）、二十世纪福克斯和华纳兄弟。这五家主要被告制片公司都完成了从制片、发行到放映的垂直整合。三个次要被告则没有如此完整的体系：哥伦比亚影业公司和环球电影公司仅负责制片和发行，而联美电影公司则只负责发行。

法院发现被告公司合谋来控制影院的最低票价，同时涉嫌收取比后续场次票价更高的首映票价，以实现跨期价格歧视，且合谋控制邻近影院的独家特许与放映，并通过以街区为单位发放放映特许证来限制贸易。法院还发现这五个主要被告通过合资或是合伙经营来垄断、操控影院。

在 1948 年的派拉蒙反垄断案判决中，最高法院简单地以几个主要电影发行商的票房收入计算的集中度，给出了结论，即制片公司与发行商共同行动，垄断了电影首映市场。最高法院的判决包括限制电影公司垂直并购下游影院，电影制片厂不得拥有自己的院线，以及不得要求影院对自己公司的影片实行包档发行等一系列损害院线利益的商业行为。该判决直接改变了电影制片公司体系，并迫使制片公司对影院撤资，同时改变了原先电影特许的契约关系（Vany and Eckert，1991）。但不论从判罚本身的依据或是判罚对后续电影市场的影响，最高法院当时的判决都存在问题。

首先，法院借以推断被告人市场势力的重要证据是所谓的联合市场份额[①]。但因为如第 7 章 7.2 节所述的电影产业运行特征，单纯加总电影公司的收入再除以市场收入而得到的电影产业市场集中度并不科学。

其次，即使按照上述的简单计算方法，派拉蒙法案以后的市场集中度也并未发生明显改变，电影产业市场集中进程并未如美国司法部所预期而中断。事实上，在派拉蒙和解协议之后的半个世纪，除了一个被告发行商（在 1957 年倒闭的雷电华电影公司），其他被告都持续经营了下去。最初被告的几家发行公司是洛氏公司、派拉蒙、雷电华、二十世纪福克斯、华纳兄弟、哥伦比亚影业公司和联美电影公司。其中洛氏公司与联美电影公司已被米高梅所收购，哥伦比亚则已被索尼公司收购。最近新进入电影发行业上层梯队的，是迪士尼旗下的博伟影业

[①] 美利坚合众国诉派拉蒙公司案，85F. Supp. 881，894（S. D. N. Y. 1949）。参见 Conant（1960）和 De Vany and Eckert（1991）。1943—1944 年，八家被告公司共收入了全国电影租金的 95%（不包括西部片）。

公司。

截至 2007 年,五大发行商所占的市场份额(72％)与派拉蒙诉讼案时期五个主要被告发行商所占的市场份额(1943—1944 年,73％)是相似的,前八位企业集中比例(95％)也与诉讼时期相当[①]。因此,市场集中度基本没有发生变动。

7.2.2　派拉蒙后的电影市场集中

派拉蒙法案预期的受益人是包括大量电影院在内的独立放映商。独立放映商向司法部发起了一大卷针对被告及其行为的申诉。司法部被鼓动后,在判决中明显偏向影院方,对电影制作集团公司十分不利。

然而派拉蒙法案的补救并没有达到它预期的效果,而且这些方法最终损害了独立放映商。这种补救使电影放映权的竞争更为激烈,产量也降低了,从而增加了电影的租金比例和票价。电影租金比例的提高降低了放映商的净利润。派拉蒙法案提出了越来越死板的特许规定,又因来自电视行业越来越激烈的竞争,导致放映特许减少,发行商变得越来越脆弱。

诸如洛氏公司、雷电华电影公司、二十世纪福克斯和华纳兄弟等一体化电影制片公司,在最高法院 1948 年正式宣布判决后损失了 4％～12％的市值(Vany and McMillan,2004)。哥伦比亚和环球影业等并不拥有影院的被告方也损失了 7％～9％的市值,这表明最高法院的判决比禁止制片方或发行商拥有影院本身更为影响深远。判决同样禁止了特许经营以及其他特许证的做法。比起一体化制片公司和发行商,关于特许证的判决对非一体化制片公司和发行商更有价值,因为特许证是维持对影院垂直控制的重要手段。

派拉蒙法案对当时电影产业的打击是多方面的:不但一体化和非一体化电影制片公司都被伤害了,而且就连不是被告方的主要竞争对手也未能幸免。在派拉蒙事件之后,放映商就发行活动提起诉讼的数量大幅度增加,但即便是诉讼,似乎也不能结束制片公司和独立放映商之间长期存在的敌对状态。其他一些证据也显示派拉蒙事件过后,独立放映商和大众影迷都没能从电影数量减少以及票价和电影租金比例上升这两件事中获得任何利益。

当前,关于特许和发行商的影院所有权的反垄断决定和政策已经对电影的

---

① 美利坚合众国诉洛氏公司案计算了 CR5 与 CR8 的值,334 U.S. 131。最终判决 Fact 100,February 8,1950,参见 Conant(1960,Table 13,p. 46)。

拍摄类型和放映方式产生了影响。法院已经要求电影只能根据其本身的特点和影院类型对不同影院逐个单独授权。这项要求阻碍了放映商和发行商通过所有权、特许权或其他形式来稳固长期契约关系。另外，这项要求也限制了对多部电影的同时授权。

"派拉蒙诉讼案"形象地反映了美国司法部是如何用老旧的反垄断模型来改造电影这一具有新型商业模式的产业的。事实上，某些文化产业的市场结构并未因为该案例而变得持续分散，相反，诸多电影和娱乐产业巨头都是在该判例之后陆续形成的。2019 年 11 月，美国司法部向法院提出动议，要求法院下令废除该法令。这部已有 70 余年历史的法案显然已经与这个时代脱节。

7.3　本章小结

本章比较了上海、长沙和杭州等城市文化产业发展的异同。上海的城市化经济显著，当地文化企业生产率位列全国各省市第一，其工商业多样化、巨大城市规模是其文化产业高效率的重要因素；长沙市的文化产业就业集聚程度位列全国城市前列，其背后是以广播电视业、烟花产业、出版业、印刷业等代表性产业推动的文化产业专业化经济效应；杭州文化企业的生产率也排名全国前列，其在特色历史文化、手工业等传统文化产业基础上，发展出互联网和数字产业的新高度，这些都构成了其文化产业发展的创意城市基础。

值得注意的是，创意城市理念已经成为城市发展的一种新范式，并且正在促进合作的实现、地方战略的形成以及城市项目的选择。不同城市文化产业集聚的因素并不相同，城市发展文化产业需因城施策。

电影作为艺术与工业完美结合的一个模范产业，无时无刻不体现着现代市场竞争的残酷。电影的制作和发行具有独特的运营模式和较为频繁的纵向和横向重组。行业的整合往往领先于其他文化产业和很多服务业。美国电影产业市场结构的变化表明市场集中对该产业的深刻影响，即使政府高度警惕并引发了著名的派拉蒙诉讼案，最终也并没有在本质上阻挡行业整合的趋势。

第 8 章 结 语

本书在梳理国内外文化产业发展历程和文化产业集聚、市场集中的形成机制的基础上,论述了对文化企业生产率的估计,以及产业集聚(就业密度、专业化经济和多样化经济)、市场集中和竞争对文化企业生产率的影响。本书指出了创意交流与知识溢出、企业规模扩张对于文化企业生产率的作用,以及文化产业集聚的空间关联,回应了包括国有企业样本偏误、由市场力量和竞争扭曲等导致的内生性问题,以及开展了一系列稳健性检验。本章在对前文研究的基础上,对本书的主要研究结论和主要启示与建议进行总结,并指出研究局限,展望未来相关研究的方向。

8.1 主要结论

具体而言,本书利用企业层面数据,从产业集聚和市场集中两个角度揭示中国文化产业生产率的影响机制。首先,应用一致性方法估计了中国文化企业的全要素生产率。利用更加合理的企业层面全要素生产率估计值,以市域和省域两个地理层级,专业化和多样化两种集聚经济渠道,并以案例分析等方法,研究空间集聚和市场集中对于文化企业的影响。主要研究结论如下:

第一,文化产业的空间集聚和市场集中是该产业的两个重要特征。文化产业自诞生以来,便一直表现出鲜明的集聚特点;而随着经济技术环境的变化,又逐渐显现出市场集中的典型特征。从宏观层面来看,文化符号、地方特质、创意环境以及城市的发展是文化产业集聚的主要原因。同时,文化产业集聚还与相应的微观基础有关:艺术与创意人才的聚集引致文化企业和组织的人力资本投入选择集变大,文化基础设施在大城市中能够更有效地被分享,而创意分享和溢出是文化产业集聚最重要的驱动因素。以电影为例，当文化企业继承了专业复合体而大规模发展时，以发行环节为出发点、向下游复制和上游制作的垄断趋势便逐渐形成，其根本的原因在于持续扩张的市场需求赋予了内容生产和销售产业化的可能。

第二，文化产业的集聚经济和市场竞争效应的证据较为明显。空间计量模型检验了区域之间的产业集聚是互相促进的。在城市层级上，人口密度对集聚经济影响明显，其对于文化企业生产率的弹性为 0.31。文化产业的专业化并不明显，但多样化经济在经济意义和统计意义上均较为显著。城市的多样化程度提高 1％，可引致文化企业生产率提高 0.43％。多样化经济是城市化经济中的主导因素。而且不同服务业的整体多样化（包括与文化产业似乎并无直接关联的产业），都构成了文化产业的城市化经济，文化产业内部多样化的产业分布也能够提高文化企业的生产率。文化产业的市场集中效应则主要体现在竞争效应和单个企业的规模两个方面。竞争效应是专业化经济中影响文化企业生产率占主导作用的渠道，而文化企业自身的规模增加能够带来效率的显著改善。大多数细分产业类别的文化企业同样受到了企业规模的正向影响，大多数文化产业的员工薪资与企业效率的相关关系并不显著，文化产业中的工资至少没有拖累文化企业的盈利水平。实证结果表明，并无明显的证据证明中国文化产业存在"成本疾病"。

第三，本书对集聚经济进行了细分维度的展开分析。创意的交流和知识溢出对文化产业的集聚经济较为关键。随着通信和社交技术水平的提升，这两种集聚经济可以通过创意交流和知识溢出等渠道发挥更大的作用。文化产业的专业化经济在省域层面比在地级市层级更显著。这表明国有文化企业内部的劳动力共享、知识溢出等效应来自文化产业内部，而非外部的其他服务业。对于样本中文化企业的国有企业身份导致的样本选择偏误问题，本书通过构建多个指标来对应国有企业可能的多重目标函数，同时构建市场化指数，分类识别文化集聚经济。结果显示，文化产业的集聚经济在国有企业身份的影响下依然存在，不过在市场化程度较低的地区，未发现显著的集聚经济。同时，代表市场力量和价格因素的利润加成也影响着生产率。这引致了两个方面的讨论：其一，市场力量对于文化企业的生产率有正向作用；其二，需要将价格因素从生产率的估计中剔除，进而得到真实生产率。在得到更真实的生产率和多样化经济的信息后，集聚经济仍然能够促进文化生产效率。另外,实证结果也通过了异常值和行业异质性的稳健性检验。

第四,文化产业集聚与市场集中得到了城市文化产业发展和文化市场结构演化案例的佐证。大型文化集聚区的演化方向是文化集聚城市或创意城市,创意城市理念已经成长为城市发展的一种新范式,并正在促进合作的实现、地方战略的形成以及城市项目的选择。市场结构变迁的案例更加雄辩地证明了文化产业市场集中的内在机制。在电影产业等现代文化产业中,独特的技术特性可能是其重要原因。

8.2　政策建议

不论是从经济还是文化视角出发,发展文化产业都是中国经济可持续发展的重要方向之一。近年来,中国对文化产业十分重视,明确地提出将文化产业打造成为支柱产业。本书根据研究结论提出以下建议。

第一,充分发挥集聚经济的作用。本书揭示了文化产业集聚对于文化产业发展的重要作用,因此在产业政策上应积极引导文化产业在地理空间上的集聚。从全国层面看,文化产业更适合聚集在大城市中。像影视和出版传媒,尤其是新媒体等尤其适合在大城市集聚。但同时,本书也发现一些拥有文化遗产的中西部城市文化产业集聚程度较高,这些城市可基于其文化产业发展基础,形成区域化集聚。

第二,文化产业集聚必须伴随城市化进程推进。本书的研究结论表明,在城市层级上,文化产业集聚经济主要源自产业多样化和城市化。因此,地方政府在推动文化产业发展时,首先应促进当地服务业的多样化,并促进文化产业和其他服务业的融合发展。同时,由于创意交流对于文化企业的关键作用,政策应关注减少交流成本,例如发展互联网和交通基础设施等。

第三,调整文化产业园区发展方向。中国文化产业园区的建设重复和同质化现象比较严重,甚至在很大程度上独立于城市经济社会系统,与本书揭示的集聚经济特征相悖。因此,在文化产业园区的建设中,应该更加注重文化产业在服务业体系中的产业链形态及其价值实现,并重视其在产业链环节的独特定位,避免将产业园建设在过于偏僻或远离城市的地区,尽可能地发挥城市化经济效应。

第四，做大做强文化企业。本书的研究说明，更集中的市场结构下，典型文化企业的生产率有显著提升。为了获得规模经济效率和动态效率，政府应当支持企业持续扩大规模。近年来，中国很多制造业已经完成了行业整合，市场集中程度持续上升。这些制造业中的龙头企业业绩持续改善，与其他企业的差距也越来越大。文化产业的整合蓄势待发，相应的产业政策应顺势而为。

第五，在推进文化产业发展的过程中，合理定位政府的角色。本书认为，政府应在发展公益性文化产业以及监管文化舆论发展方向上做好推动和牵引作用。政府的具体作用应该主要体现在三个方面：一是规划，即制定产业发展战略并规划产业布局；二是规制，就是对一些重要的文化产业发展进行规制；三是规范，规范文化产业市场。但在包括文化创意、资源整合、产业基地、骨干文化企业、新业态、文化贸易等领域，应该以市场配置资源为主，充分发挥市场的作用。文化产业是文化创意人员与产业组织在市场上分工与合作的结果。文化要作为产业真正发展起来，成为国民经济的重要支柱产业之一，没有市场配置资源机制是难以实现的。文化产业既然属于经济范畴，它的运作一定是市场化的，市场配置资源的决定性作用在这个产业的发展中与在其他产业的发展并无二致。

8.3   主要启示

本书关于产业空间聚聚和市场集中的研究，是对传统制造业产业集聚和市场竞争研究框架的有益补充。关于集聚经济和生产率的文献研究很少涉及服务业，也未见对文化产业生产率的严谨分析。更为重要的是，发展文化产业需要尊重其经济规律，而文化产业集聚与市场集中又是文化产业发展中的重要方面。通过对空间集聚和市场集中的分析，本书得出了如下体会和启示。

第一，严谨地运用经济学实证方法来研究弥漫着"自由""经验"和"精神"的文化艺术部门，本身存在较大挑战。但现代产业体系的诸多特征越来越多地在文化产业中显现，使得本书可以通过经济学的方法来解释该产业。任何产业的经济活动，均可通过合理的假设和实证实践，提炼内在运行规律，做出科学的预测。

第二，文化产业的集聚经济对于城市规模的依赖很大。本书研究的重点就是文化产业的集聚经济。研究发现，文化产业的集聚发展与城市发展紧密关联。

其中最重要的证据是,文化的产业多样化经济在很多假设下均强于专业化经济。而产业多样化经济需要足够大的综合市场需求和产业规模支撑,这只可能发生在大城市中。

第三,知识溢出渠道在文化产业集聚中的重要地位甚于制造业。知识、信息和创意的分享是文化生产过程中必不可少的环节,而交流可能是产生知识溢出最常见的途径。

8.4　研究展望

文化产业的研究仍属于经济学研究的新兴领域,具有广阔的研究空间。就与本书有关的文献而言,关于文化产业生产率和市场结构的经济学以及产业组织学研究,尚存在极大的扩展空间。

第一,如何更准确地描述文化和创意生产的效率,亟待后续的研究跟进。尽管本书给出了初步的估计模型,但深入文化生产组织内部的研究将带来更多的启发。

第二,通过对知识溢出渠道的分析,本书认为有必要挖掘集聚经济的细分渠道进行具体分析,不论是文化产业还是其他服务业,单纯地进行集聚程度的考量不足以支撑关于集聚经济更准确的研究和政策支持。

第三,研究文化产业集聚的区域尺度问题悬而未决,更大的区域尺度未必不适合产业的集聚研究。因而本书试图从更大的区域尺度揭示集聚经济对提高文化企业效率的作用,是对已有研究成果的有益补充。但如何根据不同的细分产业,寻找合理的地理层级来研究集聚,需要进一步的实证分析。

参考文献

[1] 安锦，陈争辉. 中国文化产业的就业效应[J]. 首都经济贸易大学学报，2015，17(1)：68-75.

[2] 薄文广. 外部性与产业增长：来自中国省级面板数据的研究[J]. 中国工业经济，2007，(1)：37-44.

[3] 长沙统计局. 长沙文化产业发展现状与问题研究[EB/OL]. http://tjj. hunan. gov. cn/tjfx/sxfx/zss/201811/t20181112_5186090. html，2018-11-16. Retrieved on 2020-01-19.

[4] 曹如中，高长春，曹桂红. 创意产业创新生态系统演化机理研究[J]. 科技进步与对策，2010，27(21)：81-85.

[5] 陈良文，杨开忠. 产业集聚、市场结构与生产率：基于中国省份制造业面板数据的实证研究[J]. 地理科学，2008，28(3)：325-330.

[6] 陈建军，葛宝琴. 文化创意产业的集聚效应及影响因素分析[J]. 当代经济管理，2008，30(9)：71-75.

[7] 陈少峰. 文化产业同质化竞争透视：以文化产业集聚园为例[J]. 前线，2011(10)：39-41.

[8] 陈小彤. 文化产业集群对企业绩效的影响研究[D]. 西安：西安建筑科技大学，2018.

[9] 陈志广. 是垄断还是效率：基于中国制造业的实证研究[J]. 管理世界，2004(12)：60-67.

[10] 陈祝平，黄艳麟. 创意产业集聚区的形成机理[J]. 国际商务研究，2006(4)：1-6.

[11] 戴钰. 文化产业空间集聚研究：以湖南地区为例[D]. 武汉：武汉理工大学，

2012.

[12] 丹尼斯·卡尔顿,杰弗里·佩罗夫.现代产业组织[M].上海:上海三联书店,1998.

[13] 杜传忠.中国工业集中度与利润率的相关性分析[J].经济纵横,2002(10):15-18.

[14] 范剑勇,冯猛,李方文.产业集聚与企业全要素生产率[J].世界经济,2014,37(5):51-73.

[15] 范剑勇.产业集聚与地区间劳动生产率差异[J].经济研究,2006(11):72-81.

[16] 方永恒,祝欣悦.基于 CES 模型的文化创意产业集聚效应测度研究:以杭州市为例[J].实验室研究与探索,2018,37(9):305-310.

[17] 冯子标,焦斌龙.分工、比较优势与文化产业发展[M].北京:商务印书馆,2005.

[18] 贺灿飞,潘峰华.中国城市产业增长研究:基于动态外部性与经济转型视角[J].地理研究,2009,28(3):726-737.

[19] 贺英.中国文化创意产业人才集聚影响因素的实证研究[D].长沙:湖南大学,2015.

[20] 胡惠林.文化产业发展的中国道路[M].北京:社会科学文献出版社,2018.

[21] 胡惠林,王婧.中国文化产业发展指数报告[J].中国文化产业评论,2012(2):3-21.

[22] 胡腊妹.城市音乐创意文化产业集聚发展模式:以北京平谷区"中国乐谷"为例[J].社会科学家,2011(7):151-154.

[23] 花建.文化的产业集聚发展[M].上海:上海人民出版社,2011.

[24] 花建.城市空间的再造与文化产业集聚[J].探索与争鸣,2007(8):26-28.

[25] 华正伟.文化创意产业集群空间效应探析[J].生产力研究,2011,223(2):9-10.

[26] 库尔特·勒布,托马斯·盖尔·穆尔.施蒂格勒论文精粹(中译本)[M].北京:商务印书馆,2011.

[27] 李金滟，宋德勇. 专业化、多样化与城市集聚经济：基于中国地级单位面板数据的实证研究[J]. 管理世界，2008(2)：25-34.

[28] 李停. 垄断抑或效率：集中度与利润率关系文献综述[J]. 云南财经大学学报：社会科学版 2010，25(6)：43-48.

[29] 李学鑫，田广增，苗长虹. 区域中心城市经济转型：机制与模式[J]. 城市发展研究，2010，17(4)：26-32.

[30] 厉无畏，王慧敏. 创意产业促进经济增长方式转变：机理·模式·路径[J]. 中国工业经济，2006(11)：5-13.

[31] 林明诙. 艺术产业化的链状模式与实施策略研究[J]. 中国戏剧，2009(1)：48-51.

[32] 刘保昌. 文化产业集群研究三题[J]. 江汉论坛，2008(6)：135-138.

[33] 刘导. 北京表演艺术文化创意产业集聚区模式构建研究[D]. 北京：中国音乐学院，2015.

[34] 刘蔚，郭萍. 文化产业的集群政策分析[J]. 江汉大学学报（社会科学版），2007，24(4)：60-64.

[35] 刘修岩. 产业集聚与经济增长：一个文献综述[J]. 产业经济研究，2009(3)：70-78.

[36] 刘振锋，薛东前，庄元，等. 文化产业空间尺度效应研究：以西安市为例[J]. 地理研究，2016，35(10)：1963-1972.

[37] 陆铭. 空间的力量：地理、政治与城市发展[M]. 上海：格致出版社，2013.

[38] 罗守贵，方文中. 基于价值链的文化产业效率影响因素研究：来自上海文化企业的实证[J]. 福建行政学院学报，2016(5)：84-94.

[39] 栾强，罗守贵，方文中. 文化产业生产率与高学历人力资本：基于上海市文化企业的实证研究[J]. 经济与管理研究，2016，37(9)：62-68.

[40] 罗蕾，田玲玲，罗静. 武汉市中心城区创意产业企业空间分布特征[J]. 经济地理，2015，35(2)：114-119.

[41] 康小明，向勇. 产业集群与文化产业竞争力的提升[J]. 北京大学学报（哲学社会科学版），2005，42(2)：17-21.

[42] 马仁锋，王腾飞，张文忠，等. 文化创意产业区位模型与浙江实证[J]. 地理研究，2018，37(2)：379-390.

[43] 钱晓烨,迟巍,黎波. 人力资本对我国区域创新及经济增长的影响:基于空间计量的实证研究[J]. 数量经济与技术经济研究,2010,27(4):107 - 121.

[44] 史东辉. 产业组织学[M]. 上海:格致出版社,2010.

[45] 盛浩. 试论发展中国家大企业的形成及其效率影响[J].中国流通经济,2010,24(8):50 - 53.

[46] 孙玉梅,秦俊丽.山西省文化旅游资源的特征与文化产业发展模式[J]. 地理研究,2011,30(5):845 - 853.

[47] 陶金.《战狼2》到底凭什么成功? 他用经济学和统计学给出了答案[EB/OL]. https://baijiahao. baidu. com/s? id = 1576577293800453714&wfr = spider&for=pc,2017-08-24. Retrieved on 2020-01-21.

[48] 陶金,罗守贵. 基于不同区域层级的文化产业集聚研究[J]. 地理研究,2019,38(9):2239 - 2251.

[49] 王洁. 我国创意产业空间分布的现状研究[J]. 财贸研究,2007,18(3):148 - 149.

[50] 王克岭,陈微,李俊. 基于分工视角的文化产业链研究述评[J]. 经济问题探索,2013(3):167 - 172.

[51] 王伟年,张平宇. 城市文化产业园区建设的区位因素分析[J]. 人文地理,2006,21(1):110 - 115.

[52] 王小峰. 基于M-SCP范式的物联网产业组织研究:以长三角区域为例[D].泉州:华侨大学,2014.

[53] 王小鲁,樊纲,胡李鹏. 中国分省份市场化指数报告(2017)[M]. 北京:社会科学文献出版社,2019.

[54] 文婷,胡兵. 中国省域文化创意产业发展影响因素的空间计量研究[J]. 经济地理,2014,34(2):101 - 107.

[55] 向勇,喻文益. 基于全要素生产率的文化创意与国民经济增长关系研究[J]. 福建论坛·人文社会科学版,2011(10):27 - 33.

[56] 向勇,喻文益.区域文化产业政策设计的风险分析与防范[J].中国行政管理,2007(10):58 - 61.

[57] 许意强. 国外数字创意产业特色鲜明[N].中国企业报,2017 - 04 - 25.

［58］于文志. 北京市文化创意产业的集聚分析［J］. 法制与经济，2010（3）：108 - 109.

［59］虞雪峰. 上海创意产业的集聚效应分析［D］. 上海：华东师范大学，2007.

［60］袁海. 中国文化产业区域差异的空间计量分析［J］. 统计与信息论坛，2011，26（2）：65 - 72.

［61］袁海. 文化产业集聚的形成及效应研究［D］. 西安：陕西师范大学，2012.

［62］占明珍，夏庆. 基于 MS-VECM 模型的中国汽车制造业集中度与利润率的非线性关系研究［J］. 工业技术经济，2013，32（6）：59 - 64.

［63］张春霞，罗守贵. 我国制造业 SCP 范式实证研究［J］. 生产力研究，2006（11）：166 - 168.

［64］张贺. 文化创意产业集聚的知识溢出效应分析［J］. 商业经济，2017（8）：50 - 51.

［65］张亚丽，张延延，林秀梅. 中国文化产业的关联拉动效应分析［J］. 统计与决策，2015（11）：134 - 137.

［66］宗祖盼，李凤亮. 文化产业研究的发生学视野［J］. 福建论坛：人文社会科学版，2019（2）：54 - 61.

［67］Abel J R，Dey I，Gabe T M. Productivity and the Density of Human Capital［J］. Journal of Regional Science，2012，52（4）：562 - 586.

［68］Adorno T W，Horkheimer M. Dialectic of Enlightenment［M］. London：Verso，1979.

［69］Ahlfeldt G M，Pietrostefani E. The Economic Effects of Density：A Synthesis［J］. Journal of Urban Economics，2019，111（5）：93 - 107.

［70］Alexander P J. New Technology and Market Structure：Evidence From the Music Recording Industry［J］. Journal of Cultural Economics，1994，18（2）：113 - 123.

［71］Andersson A E，Andersson D E，Daghbashyan Z，et al. Location and Spatial Clustering of Artists［J］. Regional Science and Urban Economics，2014，47（7）：128 - 137.

［72］Au C C，Henderson J V. How Migration Restrictions Limit Agglomeration and Productivity in China［J］. Journal of Development Economics，2006，

80(2): 350 - 388.

[73] Bain J S. Barriers to New Competition [M]. Cambridge: Harvard University Press, 1956.

[74] Bain J S. Industrial Organization[M]. 2nd ed. New York: John Wiley & Sons, 1968.

[75] Bain J S. Relation of Profit Rate to Industry Concentration: American Manufacturing, 1936 - 1940[J]. Quarterly Journal of Economics, 1951, 65(4): 293 - 324.

[76] Bassett K, Griffiths R, Smith I. Cultural Industries, Cultural Clusters and the City: The Example of Natural History Film-Making in Bristol [J]. Geoforum, 2002, 33(2): 165 - 177.

[77] Batisse C. Dynamic Externalities and Local Growth: A Panel Data Analysis Applied to Chinese Provinces[J]. China Economic Review, 2002, 13(2 - 3): 231 - 251.

[78] Baumol W J, Bowen W G. Performing Arts—The Economic Dilemma: A Study of Problems Common to Theater, Opera, Music and Dance[M]. Massachusetts: MIT Press, 1968.

[79] Beaudry C, Schiffauerova A. Who's Right, Marshall or Jacobs? The Localization Versus Urbanization Debate[J]. Research Policy, 2009, 38 (2): 318 - 337.

[80] Berkowitz D, Ma H, Nishioka S. Recasting the Iron Rice Bowl: The Reform of China's State-Owned Enterprises[J]. Review of Economics and Statistics, 2017, 99(4): 735 - 747.

[81] Berry S, Waldfogel J. Product Quality and Market Size[J]. Journal of Industrial Economics, 2010, 58(1): 1 - 31.

[82] Beyers W B. Cultural and Recreational Industries in the United States[J]. Service Industries Journal, 2008, 28(3): 375 - 391.

[83] Bianchini F, Parkinson M. Cultural Policy and Urban Regeneration: The West European Experience [M]. Manchester: Manchester University Press, 1993.

[84] Blaug M. Kuhn Versus Lakatos, or Paradigms Versus Research Programmes in the History of Economics[J]. History of Political Economy, 1975, 7(4): 399 - 433.

[85] Boix-Domenech R, Soler-Marco V. Creative Service Industries and Regional Productivity[J]. Papers in Regional Science, 2017, 96(2): 261 - 279.

[86] Borowiecki K J. Geographic Clustering and Productivity: An Instrumental Variable Approach for Classical Composers[J]. Journal of Urban Economics, 2013, 73(1): 94 - 110.

[87] Borowiecki K J, O'Hagan J W. Impact of War on Individual Life-Cycle Creativity: Tentative Evidence in Relation to Composers[J]. Journal of Cultural Economics, 2013, 37(3): 347 - 358.

[88] Boualam B. Does Culture Affect Local Productivity and Urban Amenities [J]. Regional Science and Urban Economics, 2014, 46(3): 12 - 17.

[89] Brown J D, Earle J S, Telegdy A. The Productivity Effects of Privatization: Longitudinal Estimates From Hungary, Romania, Russia, and Ukraine[J]. Journal of Political Economy, 2006, 114(1): 61 - 99.

[90] Caves R E. Creative Industries: Contracts Between Art and Commerce [M]. Cambridge: Harvard University Press, 2000.

[91] Caves R E. Organization of Arts and Entertainment Industries[J]. Handbook of the Economics of Art and Culture, 2006, 1(6): 533 - 566.

[92] Cingano F, Schivardi F. Identifying the Sources of Local Productivity Growth[J]. Journal of the European Economic Association, 2004, 2(4): 720 - 744.

[93] Coll-Martínez E. Creativity and the City: Testing the Attenuation of Agglomeration Economies in Barcelona[J]. Journal of Cultural Economics, 2019, 43(3): 365 - 395.

[94] Coll-Martínez E, Arauzo-Carod J M. Creative Milieu and Firm Location: An Empirical Appraisal. Environment and Planning, 2017, 49(7): 1613 - 1641.

［95］Collins N R, Preston L E. Concentration and Price-Cost Margins in Manufacturing Industries［M］. Berkley: University of California Press, 1968.

［96］Comanor W S, Wilson T A. Advertising Market Structure and Performance［J］. Review of Economics and Statistics, 1967, 49(4): 423 - 440.

［97］Combes P P, Duranton G, Gobillon L, et al. The Productivity Advantages of Large Cities: Distinguishing Agglomeration From Firm Selection［J］. Econometrica. 2012, 80(6): 2543 - 2594.

［98］Cooke P, Lazzeretti L. Creative Cities, Cultural Clusters and Local Economic Development［M］. Cheltenham: Edward Elgar Publishing, 2008.

［99］De Fillipi R, Grabher G, Jones C. Introduction to Paradoxes of Creativity: Managerial and Organizational Challenges in the Cultural Economy［J］. Journal of Organizational Behavior, 2007, 28(5): 511 - 521.

［100］De Loecker J, Warzynski F. Markups and Firm-Level Export Status［J］. American Economic Review. 2012, 102(6): 2437 - 2471.

［101］Drake G. "This Place Gives Me Space": Place and Creativity in the Creative Industries［J］. Geoforum, 2003, 34(4): 511 - 524.

［102］Duranton G, Henderson J V, Strange W C. Handbook of Regional and Urban Economics［M］. Amsterdam: North Holland, 2015.

［103］Ehrl P. Agglomeration Economies With Consistent Productivity Estimates［J］. Regional Science and Urban Economics, 2013, 43(5): 751 - 763.

［104］Eurostat. Culture Statistics［M］. Luxembourg: Publications Office of The European Union, 2016.

［105］Evans G. Creative Cities, Creative Spaces and Urban Policy［J］. Urban Studies, 2009, 46(5 - 6): 1003 - 1040.

［106］Falck O, Fritsch M, Heblich S,et al. Music in the Air: Estimating the

Social Return to Cultural Amenities[J]. Journal of Cultural Economics，2018，42(3)：365 - 391.

[107] Feldman M, Audretsch D. Innovation in Cities: Science-Based Diversity, Specialization and Localized Competition [J]. European Economic Review，1999，43(2)：409 - 429.

[108] Flew T. Toward a Cultural Economic Geography of Creative Industries and Urban Development: Introduction to the Special Issue on Creative Industries and Urban Development[J]. The Information Society，2010，26(2)：85 - 91.

[109] Florida R. Bohemia and Economic Geography[J]. Journal of Economic Geography. 2002，2(1)：55 - 71.

[110] Florida R. Who's Your City? How the Creative Economy Is Making Where to Live the Most Important Decision of Your Life[M]. Toronto：Vintage Canada，2009.

[111] Florida R, Mellander C, Stolarick K. Inside the Black Box of Regional Development[J]. Journal of Economic Geography，2007，8(5)：615 - 649.

[112] Foster L, Haltiwanger J, Syverson C. Reallocation, Firm Turnover and Efficiency: Selection on Productivity or Profitability? [J]. American Economic Review，2008，98(1)：394 - 425.

[113] Frost-Kumpf H A. Cultural District: The Arts as a Strategy for Revitalizing Our Cities [M]. Washington：Institute for Community Development and the Arts，Americans for the Arts，1998.

[114] Fu S, Hong J. Testing Urbanization Economies in Manufacturing Industries: Urban Diversity or Urban Size? [J]. Journal of Regional Science，2011，51(3)：585 - 603.

[115] Fuchs V. Integration, Concentration, and Profits in Manufacturing Industries[J]. Quarterly Journal of Economics，1961，75(2)：278.

[116] Gao T. Regional Industrial Growth: Evidence From Chinese Industries [J]. Regional Science and Urban Economics，2004，34(1)：101 - 124.

[117] Ginsburgh V A, Throsby D. Handbook of the Economics of Art and Culture[M]. Oxford: Elsevier, 2014.

[118] Glaeser E L, Kallal H D, Scheinkman J A, et al. Growth in Cities[J]. Journal of Political Economy, 1992, 100(6): 1126 - 1152.

[119] Goldschmid H J, Mann H M, Weston J F. Industrial Concentration: The New Learning[C]. Boston: Little Brown, 1974.

[120] Greco A. Mergers and Acquisitions in the US Book Industry, 1960 - 1989, International Book Publishing: An Encyclopedia[M]. New York: Garland Publishing, 1995.

[121] Hall P. Creative Cities and Economic Development[J]. Urban Studies, 2000, 37 (4): 639 - 649.

[122] Hellmanzik C. Location Matters: Estimating Cluster Premiums for Prominent Modern Artists[J]. European Economic Review, 2010, 54 (2): 199 - 218.

[123] Henderson J V. Marshall's Scale Economies [J]. Journal of Urban Economics, 2003, 53(1): 1 - 28.

[124] Henderson V, Kuncoro A, Turner M. Industrial Development in Cities [J]. Journal of Political Economy, 1995, 103(5): 1067 - 1090.

[125] Hesmondhalgh D. The Cultural Industries [M]. London: Sage Publications, 2013.

[126] Hirsch P M. Processing Fads and Fashions: An Organization-Set Analysis of Cultural Industry Systems [J]. American Journal of Sociology, 1972, 77(4): 640.

[127] Hoskins C, Mirus R, Rozeboom W. U. S. Television Programs in the International Market: Unfair Pricing? [J] Journal of Communication, 2010, 39(2): 55 - 75.

[128] Hsieh C T, Song Z M. Grasp the Large, Let Go of the Small: The Transformation of the State Sector in China[J]. Brookings Papers on Economic Activity, 2015, 46(1): 295 - 366.

[129] Hutton T A. Reconstructed Production Landscapes in the Postmodern

City Applied Design and Creative Services in the Metropolitan Core[J]. Urban Geography，2000，21(4)：285 - 317.

[130] Hutton T A. The New Economy of the Inner City[J]. Cities，2004，21 (2)：89 - 108.

[131] Hutton W. Staying Ahead：The Economic Performance of the UK's Creative Industries[R]. The Work Foundation (DCMS)，2007.

[132] Jacobs J. The Economies of Cities[M]. New York：Random House，1969.

[133] Javorcik B. Does Foreign Direct Investment Increase the Productivity of Domestic Firms? In Search of Spillovers Through Backward Linkages [J]. American Economic Review，2004，94(3)：605 - 627.

[134] Ko K W，Mok K W P. Clustering of Cultural Industries in Chinese Cities：A Spatial Panel Approach[J]. Economics of Transition，2014，22 (2)：365 - 395.

[135] Koster H R，Rouwendal J. Historic Amenities and Housing Externalities：Evidence From the Netherlands [J]. The Economic Journal，2017，127(605)：396 - 420.

[136] Krugman P. Increasing Returns and Economic Geography[J]. Journal of Political Economy. 1991，99(3)：483 - 499.

[137] Landry C，Bianchini F. The Creative City [M]. London：Demos Elizabeth House，2000.

[138] Lazzeretti L，Capone F，Boix R. Why Do Creative Industries Cluster? An Analysis of the Determinants of Clustering of Creative Industries[J]. Iermb Working Paper in Economics，2009，20(8)：1243 - 1262.

[139] Lazzeretti L，Capone F，Boix R. Reasons for Clustering of Creative Industries in Italy and Spain[J]. European Planning Studies，2012，20 (8)：1243 - 1262.

[140] Lazzeretti L，Innocenti N，Capone F. The Impact of Related Variety on the Creative Employment Growth[J]. The Annals of Regional Science，2017，58(3)：491 - 512.

[141] Levinson H M. Postwar Movement of Prices and Wages in Manufacturing Industries[R]. Working Paper, No. 21, Joint Economic Committee of the U.S. Congress, Washington, D.C., 1960.

[142] Li D, Lu Y, Wu M. Industrial Agglomeration and Firm Size: Evidence From China[J]. Regional Science and Urban Economics, 2012, 42(1 – 2): 135 – 143.

[143] Logan J R, Molotch H. Urban Fortunes: The Political Economy of Place[M]. London: University of California Press, 2007.

[144] Lopes P D. Innovation and Diversity in the Popular Music Industry, 1969 to 1990[J]. American Sociological Review, 1992, 57(1): 56 – 71.

[145] Lu J, Tao Z. Trends and Determinants of China's Industrial Agglomeration[J]. Journal of Urban Economics, 2009, 65(2): 167 – 180.

[146] Maré D C, Timmins J. Geographic Concentration and Firm Productivity [R]. Motu Working Paper, 06 – 08, 2006.

[147] Marin A G, Voigtlander N. Exporting and Plant-Level Efficiency Gains: It's in the Measure[R]. NBER Working Paper, No. 19033, 2018.

[148] Marshall A. Principles of Economics[M]. London: Macmillan, 1890.

[149] Martin F, Mayer T, Mayneris F. Spatial Concentration and Plant-Level Productivity in France[J]. Journal of Urban Economics, 2015, 69(2): 182 – 195.

[150] Mezias J M, Mezias S J. Resource Partitioning, the Founding of Specialist Firms, and Innovation: The American Feature Film Industry, 1912 – 1929[J]. Organization Science, 2000, 11(3): 306 – 322.

[151] Mitchell S. London Calling? Agglomeration Economies in Literature Since 1700[J]. Journal of Urban Economics, 2019, 112(7): 16 – 32.

[152] Mommaas H. Cultural Clusters and the Post-Industrial City: Towards the Remapping of Urban Cultural Policy[J]. Urban Studies, 2004, 41 (3): 507 – 532.

[153] Mommaas H, Zoeteman K, Dagevos J. Are Larger Cities More

Sustainable? Lessons From Integrated Sustainability Monitoring in 403 Dutch Municipalities[J]. Environmental Development，2016，17（8）：57 - 72.

[154] Morikawa M. Economies of Density and Productivity in Service Industries：An Analysis of Personal Service Industries Based on Establishment-Level Data[J]. The Review of Economics and Statistics. 2011，93（1）：179 - 192.

[155] Norcliffe G，Rendace O. New Geographies of Comic Book Production in North America：The New Artisan，Distancing，and the Periodic Social Economy[J]. Economic Geography，2003，79（3）：241 - 263.

[156] O'Connor J. A Special Kind of City Knowledge：Innovative Clusters，Tacit Knowledge and the Creative City [J]. Media International Australia，2004，112（1）：131 - 149.

[157] O'Hagan J，Borowiecki K J. Birth Location，Migration，and Clustering of Important Composers：Historical Patterns[J]. Historical Methods：A Journal of Quantitative and Interdisciplinary History，2010，43（2）：81 - 90.

[158] O'Hagan J，Hellmanzik C. Clustering and Migration of Important Visual Artists：Broad Historical Evidence[J]. Historical Methods：A Journal of Quantitative and Interdisciplinary History，2008，41（3）：121 - 136.

[159] Olley G S，Pakes A. The Dynamics of Productivity in the Telecommunications Equipment Industry[J]. Econometrica，1996，64（6）：1263 - 1297.

[160] Ordover J A，Saloner G，Salop S C. Equilibrium Vertical Foreclosure [J]. American Economic Review，1990，80（1）：127 - 142.

[161] Pareja-Eastaway M. Creative Industries[J]. Journal of Evolutionary Studies in Business，2016，1（1）：38 - 50.

[162] Peacock A，Rizzo I. Cultural Economicsand Cultural Policies [M]. Berlin：Springer，1994.

[163] Peterson R A，Berger D G. Cycles in Symbol Production：The Case of Popular Music[J]. American Sociological Review，1975，40(2)：158 - 173.

[164] Pilotti L，Rinaldin M. Culture and Arts as Knowledge Resources Towards Sustainability for Identity of Nations[J]. Finanza Marketing E Produzione，2004，22 (1)：5 - 37.

[165] Piore M J，Sabel C F. The Second Industrial Divide[M]. New York：Basic Books，1984.

[166] Polanyi M. The Logic of Tacit Inference[J]. Philosophy，1966，41 (155)：1 - 18.

[167] Porter M E. The Competitive Advantage of Nations [J]. Harvard Business Review. 1990，68(10)：73 - 91.

[168] Pratt A C. The Cultural Industries Production System：A Case Study of Employment Change in Britain，1984 - 91 [J]. Environment and Planning，1997，29 (11)：1953 - 1974.

[169] Power D. Priority Sector Report：Creative and Cultural Industries[M]. European Commission：Publications Office of the European Union，2011.

[170] Power D，Scott A J. Cultural Industries and the Production of Culture [M]. London：Routledge，2004.

[171] Puga D. The Magnitude and Causes of Agglomeration Economies[J]. Journal of Regional Science，2010，50(1)：203 - 219.

[172] Rosen S. The Economics of Superstars[J]. American Economic Review，1981，71(5)：845 - 858.

[173] Ryan B. Making Capital From Culture：The Corporate Form of Capitalist Cultural Production[J]. Contemporary Sociology，1993，22 (3)：439.

[174] Santagata W. Cultural Districts，Property Rights and Sustainable Economic Growth [J]. International Journal of Urban & Regional Research，2010，26(1)：9 - 23.

[175] Schwartzman D. The Effect of Monopoly on Price[J]. Journal of Political Economy，1959，67(4)：352 - 362.

[176] Scott A J. Production System Dynamics and Metropolitan Development [J]. Annals of the Association of American Geographers，2005，72(2)：185 - 200.

[177] Scott A J. The Craft，Fashion，and Cultural Products Industries in Los Angeles：Competitive Dynamics and Policy Dilemmas in a Multi-sectoral，Image-Producing Complex[J]. Annals of the Association of American Geographers，1996，86(2)：306 - 323.

[178] Scott A J. The Cultural Economy of Cities[J]. International Journal of Urban and Regional Research，1997，21(2)：323 - 339.

[179] Scott A J. The Cultural Economy of Cities[M]. London：Sage，2000.

[180] Scott A，Soja E. The City：Los Angeles and Urban Theory at the End of the 20th Century[M]. Berkeley：University of California Press，1996.

[181] Smith A. An Inquiry into the Nature and Causes of the Wealth of Nations[J]. Journal of the Early Republic，2015，35(1)：1 - 23.

[182] Song Z，Storesletten K，Zilibotti F. Growing Like China[J]. American Economic Review，2011，101(1)：196 - 233.

[183] Stigler G J. Capital and Rates of Return in Manufacturing Industries [M]. New Jersey：Princeton University Press，1963.

[184] Storper M，Venables A J. Buzz：Face-to-Face Contact and the Urban Economy[J]. Journal of Economic Geography，2004，4(4)：351 - 370.

[185] Tao J，Ho C Y，Luo S G，et al. Agglomeration Economies in Creative Industries[J]. Regional Science and Urban Economics，2019，77(7)：141 - 154.

[186] Throsby D. Economics and Culture [M]. Cambridge：Cambridge University Press. 2001.

[187] Van Duijn M，Rouwendal J. Cultural Heritage and the Location Choice of Dutch Households in a Residential Sorting Model[J]. Journal of Economic Geography，2013，13(3)：473 - 500.

[188] Vang J, Chaminade C. Global-Local Linkages, Spillovers and Cultural Clusters: Theoretical and Empirical Insights From an Exploratory Study of Toronto's Film Cluster[J]. Industry & Innovation, 2007, 14(4): 401 – 420.

[189] Wang X, Fan G, Yu J. NERI Index of Marketization of China's Provinces[R]. Beijing: National Economic Research Institute, 2017.

[190] Wildman S S, Siwek S E. The Privatization of European Television: Effects on International Markets for Programs[J]. Columbia Journal of World Business, 1987, 22(3): 71 – 76.

[191] Williams R. Resources of Hope: Culture, Democracy, Socialism[M]. London: Verso, 1989.

[192] Wu Q. Creative Industries and Innovation in China[J]. International Journal of Cultural Studies, 2006, 9(3): 263 – 266.

[193] Wynne D. The Culture Industry: The Arts in Urban Regeneration[M]. Aldershot: Averbury, 1992.

[194] Yusuf S, Kaoru N. Creative Industries in East Asia[J]. Cities, 2005, 22(2): 109 – 122.

[195] Zielke P, Waibel M. Comparative Urban Governance of Developing Creative Spaces in China[J]. Habitat International, 2014, (41): 99 – 107.

索　引